这是一次特殊的旅行，它带给你的，不仅是沿途的风景，更是精神的引领！

右玉精神展览馆
堆云洞
高君宇故居
锡崖沟村
黄崖洞革命纪念地

山西红色之旅

李林烈士陵园
应县小石口革命烈士公墓
突袭阳方口火车站遗址

朱伊文 ZHU YIWEN / 著

红军东征永和纪念馆
白刃格斗英雄连遗址
刘胡兰纪念馆
彭真生平暨中共太原支部旧址纪念馆
晋绥边区革命纪念馆
麻田八路军总部纪念馆
晋察冀军区司令部旧址
李林烈士陵园
八路军太行纪念馆
平型关大捷遗址
太原解放纪念馆

山西出版传媒集团
山西经济出版社

红色之旅带你传承红色精神

山西青少年红色研学打卡导图

共青团山西省委　山西省少工委　**编制**

山西榕行文化携手《山西红色之旅》编委会爱心支持

| 太原

1. 彭真生平暨中共太原支部旧址纪念馆
2. 高君宇故居纪念馆
3. 山西国民师范旧址革命活动纪念馆
4. 太原解放纪念馆
5. 支前纪念馆
6. 晋绥八分区机关纪念馆
7. 太原市黄坡革命烈士陵园

| 大同

8. 平型关大捷纪念馆
9. 大同市革命烈士陵园
10. 广灵县玉福山烈士陵园
11. 白求恩特种外科医院旧址
12. 平型关烈士陵园
13. 大同和平解放谈判旧址
14. "雁北星火"党史教育展览馆
15. 大同煤矿"万人坑"遗址纪念馆

| 朔州

16. 李林烈士陵园
17. 塞北革命烈士陵园
18. 应县小石口革命烈士公墓
19. 右玉精神展览馆

| 忻州

20. 徐向前故居
21. 晋察冀军区司令部旧址
22. 南茹村八路军总部旧址
23. 定襄县西河头地道纪念馆
24. 岢岚县毛主席路居馆
25. 续范亭纪念堂
26. 五台县纪念白求恩展览馆
27. 静乐县高君宇纪念馆
28. 繁峙县伯强毛主席路居纪念馆
29. 忻州革命史纪念馆
30. 忻口战役南怀化主战场遗址纪念馆
31. 神池县毛主席路居馆
32. 原平市朱德、刘少奇路居馆
33. 忻府区忻口战役遗址
34. 宁武县突袭阳方口火车站遗址

| 吕梁

35. 晋绥边区革命纪念馆
36. 红军东征纪念馆
37. 刘胡兰纪念馆
38. 柳林县贺昌烈士陵园
39. 孝义市抗日模范村纪念馆
40. 中共中央西北局旧址
41. 高家沟高级军事会议纪念馆
42. 汾阳市贾家庄村史展览馆

| 晋中

43. 麻田八路军总部纪念馆
44. 八路军石拐会议纪念馆
45. 左权烈士陵园
46. 尹灵芝烈士纪念馆
47. 寿阳县种子坡地道战革命纪念馆
48. 左权将军殉难处
49. 大寨展览馆
50. 晋中战役纪念馆
51. 左权西河头一二九师司令部旧址

| 阳泉

52. 百团大战纪念馆
53. 阳泉市革命烈士纪念馆
54. 药岭山利华制药厂旧址
55. 七亘大捷纪念碑

| 长治

56. 八路军太行纪念馆
57. 八路军总部砖壁旧址纪念馆
58. 平顺西沟展览馆
59. 八路军总部北村旧址
60. 北方局高干会旧址
61. 抗大一分校屯留旧址
62. 潞宝毛主席纪念馆
63. 八路军总部旧址王家峪纪念馆
64. 抗大一分校壶关神郊真泽宫旧址
65. 常行窑洞保卫战旧址
66. 太行太岳烈士陵园
67. 黄崖洞
68. 太行国家安全教育馆

| 晋城

69. 晋城市烈士陵园
70. 中条区高级军政干部会议旧址
71. 太岳烈士陵园
72. 抗日战争高平纪念馆
73. 中国抗日军政大学太岳分校
74. 中国人民解放军长江支队纪念林
75. 晋城市党史馆
76. 孙文龙纪念馆
77. 枪杆会议纪念馆
78. 锡崖沟
79. 高平市瓦窑头烈士纪念馆

| 临汾

80. 彭真故居
81. 晋西革命纪念馆
82. 临汾市尧都区烈士陵园
83. 翼城县烈士陵园
84. 红军东征永和纪念馆
85. 洪洞白石红军、八路军纪念馆
86. 中共山西临时省委扩大会议旧址
87. 安泽县太岳革命史陈列馆
88. 石桥堡村红色教育基地
89. 襄汾县抗日战争胜利陈列馆
90. 枕头抗战纪念馆
91. 太岳军区第一军分区贾寨旧址

| 运城

92. 邓国栋烈士纪念馆
93. 闻喜县陈家庄太岳三地委机关旧址
94. 夏县维云洞中共河东特委活动旧址
95. 运城市盐湖区烈士陵园
96. 傅作义故居暨傅作义生平展室
97. 大益成纺纱厂革命旧址
98. 中共运城支部、河东支部干事会旧址
99. 韩家岭中共夏县中心县委旧址
100. 稷山县马家沟村

前言

1921—2021 年，整整一百年过去了。

百年沧桑，百年烽火，百年奋斗，铸就了百年基业。那些英勇的呐喊声，那些激烈的刀枪声，那些不屈的反抗声，那些嘹亮的军歌声，并没有随着时间的流逝而随风消逝，并没有因为空间的变迁而被人遗忘。我们心中这方天地，时时都流淌着红色的血脉；我们脚下这方热土，处处都留存有红色的印迹！

尽管身处内陆，四面山河环绕，但层峦叠嶂的高山关隘，从来未能挡住革命的熊熊火焰，百年风雨百年路，山西，一直站在革命斗争的最前沿。1919 年，它是最早响应五四运动的省份之一；1921 年，它就成立了继承五四运动光荣传统的太原社会主义青年团；1924 年，它成立的中共太原小组，是北方地区较早建立的地方党组织之一；它还是北方地区创建中国工农红军最早的省份之一，是北方地区第一支正规红军的诞生地，是全民族抗战中华北敌后抗战的战略支撑点……

红色的印迹、红色的故事，在整个山西，从北到南，遍布全省。

省会太原有彭真生平暨中共太原支部旧址纪念馆、高君宇故居、太原解放纪念馆；云中大同有平型关大捷遗址、驿马岭阻击战遗址、白求恩特种外科医院遗址；枢纽阳泉有狮脑山百团大战遗址、中共创建第一城纪念碑、《人民日报》阳泉造纸厂旧址、八路军药岭山利华制药厂旧址；要塞忻州有晋察冀军区司令部旧址、西河头地道战遗址、徐向前元帅故居；尧都临汾有红军东征永和纪念馆、临汾战役纪念馆、太岳军区司令部桑曲旧址；最早的中国——运城，则有河东特委所在地夏县堆云洞、盐湖牛庄、闻喜陈家庄；等等。可以说，每一处每一地，都浸透着革命先烈的奋斗精神。

红色的精神、红色的旗帜，在三晋大地，从东到西，人人颂扬，塞上右玉的南山森林公园、右玉精神展览馆；巍巍吕梁的文水刘胡兰纪念馆、离石贺昌中学、兴县晋绥边区革命纪念馆；晋中左权的麻田八路军总部纪念馆；长治的平顺西沟展览馆、武乡八路军太行纪念馆；晋城的陵川锡崖沟村；等等。可以说，每一时每一刻，都流传着黄钟大吕的史诗传奇。

这气贯长虹的革命精神，这壮美瑰丽的红色文化，需要一代一代地传承下去，需要让青少年们去了解、去追寻，去汲取、去发扬。有鉴于此，在庆祝中国共产党成立一百周年这举国欢庆的日子里，我们创作了“小芒的旅行”系列图书中的《山西红色之旅》这本书籍，重点介绍了山西11个地市19个红色景点的革命故事、景点情况，规划了旅行方案，同时对当地的风土人情、传统文化也有部分涉及，以期最大限度地达到在青少年中传播红色文化、从党的百年伟大奋斗历程中吸收智慧和力量的效果。

相信在更多地了解了革命先烈的斗争精神、山西百年的发展历程之后，新一代青少年，会继续坚定脚步，不负韶华，一直向前，发奋图强，在百年之后伟大复兴的新征程上，描绘出中华民族辉煌灿烂的新篇章！

朱伊文

2021年8月

目录
Contents

目录
Contents

目录
Contents

山西红色之旅
太原

关键词：

在彭真生平暨中共太原支部旧址纪念馆，你可以感受到山西最早的共产党员们澎湃的革命精神、坚定的人生信念。

收件人：

爱阅读、爱旅行的你

寄件人：

《山西红色之旅》

001

太原·迎泽

彭真生平暨中共太原支部旧址纪念馆

在山西省太原市五一广场附近一个叫海子边的巷子里，有一个美丽的公园：文瀛公园。它不但有美丽的名字、动人的传说，还有着诸多风云往事，走出了许多党史人物。

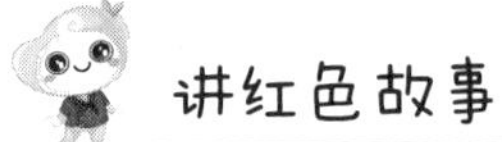

明清时期，矗立于太原文瀛湖畔的山西贡院，曾经是学子文人云集的场所。到光绪末年，科考停办，贡院丧失作用，官府便对文瀛湖进行了清理，在北湖东南建一小亭，湖四周安设木栅栏，湖内放置小船，形成了如今公园的原始雏形。

科考虽然停办了，但文瀛湖畔依然是太原教育的中心。1906年，山西公立中学堂在贡院基础上创办，之后相继更名为山西晋阳中学堂和山西省立模范中学堂。民国二年（1913）8月，又更名为“山西省立第一中学校”，成为当时全省规模最大的中学。学校占地40万平方米，有办公室72间、主教室32间、学生宿舍174间，还有礼堂、图书馆等建筑，设备齐全，条件优越，师资力量雄厚，“以增进学生之智慧技能，予研究高深学术及从事各种职业为宗旨”。

如今，位于文瀛公园文瀛湖畔的悬山顶清代建筑，就是当年的省立一中旧址所在地。这所当时山西文化和教育的中心，持续吸纳着最聪慧的学子，不断输送着最先进的理念，在整个山西民主革命过程中，都身处斗争最前沿，最终成为革命的摇篮、火种的起源。在它的怀抱里成长怒放的莘莘学子有中国共产党早期著名革命党人、山西党组织的创建者之一高君宇；山西最早的共产党员之一、山西党组织的创建者之一、中共太原支部第一任书记张叔平；山西最早的共产党员之一、山西党组织创建者之一、太原社会主义青年团第一任组长王振翼；山西党组织的创建人之一、山西早期青年运动、工人运动的卓越领导人，中共早期高级党务工作者，红军高级指挥员和政治工作者贺昌；伟大的无产阶级革命家、政治家，杰出的国务活动家，我国社会主义法制的主要奠基人彭真等。他们就像文瀛湖畔盛开的千余株碧莲，用绚烂的生命，点燃了整片历史的天空。

1919 年 5 月 7 日上午，在文瀛湖畔，太原各校学生 3000 余人冲破了重重封锁，开展了声援北京五四运动的集会。斗争很快蔓延开来，变成革命的滚滚洪流。1919 年 8 月，五四运动的领导人之一、北大学生高君宇回到省立一中，会同进步学生王振翼、贺昌等创办了山西第一份红色刊物《平民》周刊，宣传马克思主义，揭露旧制度、旧社会的罪恶，在省内产生了很大的影响。1920 年，在高君宇的倡议和指导下，省立一中成立了以学习宣传马克思主义为宗旨的社会主义青年学习研究小组。1921 年 5 月 1 日，以“唤醒劳工、改造社会”为宗旨的太原社会主义青年团在省立一中的教室里成立，青年团继承五四传统，反对军阀统治，反对列强欺压，提倡民主和科学，钻研并传播马克思主义学说，组织学生运动和工人运动，为山西党组织的成立做了思想和组织上的准备。1921 年 10 月，贺昌和青年团员刘廷英在省立一中又发起组织了青年学会，以“研究学术，服务社会”为宗旨，编辑出版《青年报》，设置图书室，订购许多进步书刊，吸引了大批学生来这里读书，使他们从中了解马克思列宁主义，进而走上革命道路。青年学会内设立了平民小学，吸收附近的贫民子弟学习文化知识。贺昌等人经常在平民小学讲课，在讲授文化知识的同时，普及革命道理，启发阶级觉悟。后来又增设了成人夜校，吸收工人前来听课，传播文化知识和革命思想。

1924年初夏，文瀛湖畔柳条轻拂，知了鸣叫，回到太原的高君宇惊喜地发现，经过革命斗争考验的太原社会主义青年团，已由原来的一个团小组发展成为团支部9个、团员60余人的团体，已经成为山西青年运动、工人运动的主要领导力量，积累了丰富的组织领导学生运动和工人运动的经验，并在实践中逐步确立了马列主义的信仰，这些都为创建中共地方党组织奠定了坚实的基础。高君宇秘密住进母校“青年学会”，与之前北京区委承认的山西唯一一位候补党员李毓棠取得联系，着手开展工作。他首先代表北京区委，通知李毓棠转为正式党员。接着，与贺昌、李毓棠及潘恩溥为领导的太原团地委，组成太原地区超龄团员由团转党资格审查委员会，对团地委所有25岁及以上的团员进行了筛选和排队。依规与超过25岁的团地委秘书潘恩溥、团支部书记侯士敏、团地委组织部主任张叔平等，进行了个别谈话和组织考察，随后介绍他们由团转党。同时，年仅17岁、但1922年即开始担任团地委领导职务的张墒麟，也被吸收入党。按规定，四人的候补期均为半年。办理完五人的入党或转正手续后，创建中共太原地方党组织的条件已经具备。

“永远跟党，永不叛党，为共产主义奋斗终身……”1924年5

月底，在省立一中，高君宇、李毓棠、张叔平等人围坐在桌前，低声而坚定地诵念着，年轻的脸庞激动得泛起潮红，紧握的双拳透露着内心的澎湃。因为他们知道，古老的三晋大地，在这一刻将走向新生，山西最早的中共地方党组织——中共太原小组成立了！这是山西第一个中共地方党组织，也是继北京、天津、唐山、乐亭、山海关、安平、张家口、石家庄、开封、济南、哈尔滨等城镇之后，北方地区较早建立的地方党组织之一（后改为中共太原支部）。小组组长为李毓棠，成员有潘恩溥、侯士敏、张叔平、张墳麟。同年秋，又有彭真、纪廷梓等青年团员转为党员。

中共太原支部成立后，张叔平任支部书记，彭真、纪廷梓等人负责其他工作，支部机关就设立在省立一中，也就是今天文瀛湖畔的彭真生平暨中共太原支部旧址纪念馆。中共太原党组织的诞生，在山西历史上具有划时代的意义，山西人民的革命斗争从此有了坚强的领导核心。

寻红色印记

文瀛公园位于太原市中心五一广场附近，园中鲜花盛开，湖畔碧波荡漾，是成人的栖息之处，是孩子的游戏乐园。

公园的名字来源于春秋时期秦穆公的女儿、晋文公重耳的夫人文嬴。按照当时的习惯，嫁给国君的女子，称号第一个字随丈夫谥号，第二个字为自己的姓，这就是“文嬴”之名的由来。

这个姑娘的身世很是传奇。当时晋献公昏庸，晋国公子纷纷外逃，先是公子夷吾逃到秦国投靠他的姐姐、秦穆公的夫人穆姬，并在穆姬的帮助下当上了国君，史称晋惠公。晋惠公归国之后，把儿子公子圉送到秦国当人质。秦穆公为了笼络晋惠公，就把自己的女儿嫁给了公子圉。后来公子圉逃回晋国即位，便是晋怀公。虽然公子圉当上了国君，但公子重耳贤名在外，仍然有很多人拥护他，晋怀公为消除后患，到处追杀重耳。重耳无奈，只得也逃到秦国求助。秦穆公为了拉拢他，又把已经嫁给公子圉的这个女儿再嫁给重耳。重耳心中虽不愿意，但为了政治前途不得不答应下来。

这是一桩政治婚姻，文嬴还是二嫁，所以最初重耳并不喜欢她。在新婚之夜，就想给她一个下马威。文嬴给重耳端水洗手，重耳不但不正眼瞧她，还像使唤下人一样挥手让她走。文嬴并没有客气，直接连水带盆一起扔了，责问重耳："秦、晋两国都是互相匹敌的大国，你凭什么看不起我？"重耳听完，知道文嬴厉害，不敢再怠慢，连忙脱去上衣下拜表示谢罪。文嬴才转怒为喜，正式成为重耳的夫人，并在后来重耳成为晋文公的道路上，给予诸多帮助。

祭祀晋文公的庙宇，最早就建在文瀛湖一带。这个小小湖泊，传说是跟随重耳来到晋国的文嬴的一滴思乡泪幻化而成，后人遂将"嬴"加了"氵"旁命名为文瀛湖，以纪念这位命运曲折的秦国公主。北宋初，宋太宗焚毁晋阳城后，于太平兴国七年（982）在晋阳城北唐明镇修建了新的城池，文瀛湖所在的海子边，是当时护城河的一部分，每日渔舟唱晚、金光闪烁，烟波虹霓，煞是好看。明初太原扩城后，文瀛湖正巧位于府城东南，从八卦来说处于"巽"位，故称巽水。因为景色优美，"巽水烟波"便和"崛嵎红叶、烈石寒泉、汾河晚渡、天门积雪、土堂怪柏、双塔凌霄、西山叠翠”一起，并称为“古太原八景”。

多少年来，文瀛湖始终见证着风起云涌，文瀛湖始终映照着城中丹霞。1950 年 3 月，山西省第一届各界人民代表大会在文瀛公园大礼堂举行，会议决定，在公园内修筑一座革命烈士纪念塔。1995 年，革命烈士纪念塔被山西省委、省政府命名为山西省爱国主义教育基地。2009 年，文瀛湖边的公园重新命名为文瀛公园。如今园内的历史遗迹还有孙中山纪念馆、琉璃塔、状元桥、崇德庐贴、国内唯一的木结构万字楼等。当然，最美的风景还是这片文瀛湖。当你凝视，那湖水微涟，依然倒映着省立一中的身影；当你俯身，那波光潋滟，似乎还讲述着英雄儿女的故事。

小贴士

在文瀛公园周边，有纯阳宫、文庙、清真寺等文物古迹，东边的山西饭店由原明清贡院东厅发展而来，饭菜口味正宗，颇具特色。往西边的柳巷深处走一走，还能品尝到太原市名吃“认一力”的烧卖、“六味斋”的酱牛肉、“双合成”的月饼、“王萍面皮”“贾记灌肠”，以及钟楼街的“老鼠窟元宵”、食品街的“雪山冷饮”等等著名的太原风味，买到正宗的太原老字号“益源庆”陈醋、“老香村”糕点、“华泰厚”旗袍。若是冬天，在寒风凛冽中，再喝一碗“清和元”的头脑，更别提有多舒服了。

关键词：

在高君宇故居，你可以感受到高君宇对先进知识孜孜不倦的追求、为理想和信念不惜牺牲生命的精神品格。

收件人：

爱阅读、爱旅行的你

寄件人：

《山西红色之旅》

002

太原·娄烦

高君宇故居

千百年来，娄烦孕育出了无数英雄豪杰，尤其是山西建党第一人、革命烈士高君宇。他的故事，时隔多年仍在传颂；他的信念历尽劫难仍在坚守；他的故居在数百年之后，也迎来了又一次的新生。

讲红色故事

1911年冬，正是北风呼啸、滴水成冰的季节，连鸟儿都躲得不见踪影。山西省静乐县（也就是今天的娄烦县）静游镇峰岭底村，静默的高家院中，此刻却挤满了来看热闹的村民，不时传来一阵阵喧闹声。高家主人、富商高佩天仿佛没有听到众人的议论和劝阻，手起剪落，剪掉了自己的辫子。在村民的惊呼声中，高家的二儿子，也跟着父亲，一剪子剪掉了辫子。村里的长者急了，问高佩天："要是皇上再回来，你们父子怎么办？"高佩天还未答话，二儿子已经昂起了15岁尚显稚嫩的小脸反问："要是革命党来了，你们没剪辫子的又该怎么办？"高家这个聪颖过人、站在时代前沿的二儿子，正是几年之后将火种在三晋大地上点燃壮大、中国共产党早期领导人之一、山西第一位共产党员——高君宇。

高佩天对外的身份是富商，经营煤矿、瓷窑、布匹、酒坊等产业。实际上，高佩天一直是走在时代前沿的革命者，早年曾参加义和团运动，后来又加入了同盟会。正是从父亲这里，高君宇知道了康有为、孙中山等革命党人，点燃了救国救民的雄心，想要找到一条真正有效的革命道路。1912年，少年高君宇考入位于省城的省立一中，因才华出众，很快就以"十八学士登瀛洲"的美誉而享誉省城。高君宇如饥似渴地在这里学习着，进步着，订阅了《晨报》《申报》《康梁文钞》等进步书刊，还在1915年参加了反对袁世凯与日本签订丧权辱国的“二十一条”的斗争。1916 年 7 月，高君宇于一中旧制中等科第七班毕业时，坚定地在《各述尔志》的毕业试题中写下了自己的志向：“当此之时，君宇已蓄革命之决心矣!”

高君宇考入的是一流学府北京大学。彼时的北大，在校长蔡元培的领导下，引进了开放的学风，提出了思想自由、兼容并包的办学方针，李大钊、陈独秀、鲁迅等一批中国近代史上最先进的人物先后于此任教。北大注重培养独立自主、开放进步之思想和精神，成为五四运动的重要动力。1917 年十月革命后，高君宇和邓中夏、黄日葵、许德珩等人，经常聚集在李大钊处，共同研究马克思主义理论和十月革命的经验，寻求改造中国社会的方法和道路。1918 年 5 月，他还参加了反对北洋政府签订《中日共同防敌军事协定》的活动，这是中国近代学生运动史上第一次公开的游行请愿活动。到五四运动爆发，高君宇已经作为北大学生带头人领导学生运动，不但担任了北京大学驻北京学生联合会的代表，还冲在队伍第一线，带领大家上街游行，火烧赵家楼，痛打章宗祥，组织各校罢课，发表革命文章。为了进一步唤醒民众，高君宇还于 1919 年 10 月加入了邓中夏主持的平民教育讲演团，并很快成为该团的骨干和领导成员，经常深入农村、工厂演讲，积累了丰富的实践经验。

1920 年初，在李大钊的指导下，由高君宇担任组长，同 19 名学生秘密组成北京大学马克思主义学说研究会，这是我国最早研究和宣传马克思主义的团体之一。他们还一起筹办了附属研究会的图书馆，命名为共产主义的译音“亢慕尼斋”。在这一时期，高君宇频繁往返于北京和家乡山西之间，写下了大量理论研究文章，使马克思主义在山西的传播具有了一定的规模。1920 年 8 月，第一部《共产党宣言》中文全译本在上海出版。同年 10 月，北京共产主义小组成立，高君宇是这个小组最早的成员之一，经过一个月的努力，他在北京大学红楼里组建了北京社会主义青年团（共青团的前身），并当选为第一任书记。担任领导职务后，高君宇更是夜以继日地写作、不断组织各种活动，表现出了卓越的领导才能，被誉为“青年革命之健将”。

1921 年初，高君宇回到太原，在他的运筹帷幄下，几天之后，太原社会主义青年团在省立一中 13 班的教室内成立。高君宇为团组织拟定了明确的宗旨：“唤醒劳工，服务社会。”会上明确宣布：“太原社会主义青年团的任务是继承五四光荣传统，努力宣传马克思列宁主义，反对北洋军阀政府，反对帝国主义。”青年团要求每个团员都要学唱《国际歌》，按时过组织生活，服从组织纪律，绝对保守秘密。在高君宇的倡议和指导下，青年团的团员们先后改组了《平民》周刊作为团的机关刊物，成立了以学习宣传马克思主义为宗旨的社会主义青年学习研究小组、青年学会等组织，随后又成立了中国社会主义青年团太原地方执行委员会，组织了赤色工会，发动了太原大国民印刷厂、太原制革厂工人罢工以及山西铁路工人运动等种种活动，全省各地其他青年团组织也随之相继成立。

1922 年 1 月，高君宇作为中共 54 名代表之一参加了共产国际在莫斯科举行的远东各国共产党及民族革命团体第一次代表大会，受到列宁的接见，还被大会选为执委会委员。回国后，他进行了系列革命斗争，发表了多篇理论文章。1923 年 6 月，在党的三大之后，高君宇把主要精力投入建立统一战线的工作；1924 年 1 月，国民党召开第一次全国代表大会，高君宇和李大钊、毛泽东等一起以共产党员的身份参加。会后，北洋政府在北京大肆搜捕国共两党代表，高君宇受北京党组织的指派，回到山西筹建党组织，筹划山西地区国共合作等事宜。他机智地化装成厨子，躲开了搜捕，回到了太原，并于 5 月在省立一中正式点燃了共产主义的火种，成立了山西第一个地方党组织。

国共第一次合作时期，高君宇还担任着孙中山的秘书一职，奔走各地。对于工作，他极其认真负责，达到了废寝忘食的地步。有一次，弟弟高全德从山西来北京看他，高君宇忙完了工作才带着弟弟去附近的小馆子吃饭。高全德却发现，饭馆里哥哥用来记账的吃饭折子上很多天都没有吃饭的记录，问起高君宇原因，高君宇说："工作太忙时，就买个烧饼或者白薯，再喝点开水就不饿了。"他甚至还不顾个人安危，在广州商团叛乱时率军奋战，乘坐的指挥车被子弹击穿也坚持裹伤再战，直至最后胜利。长期紧张繁重的工作让高君宇的身体越来越弱，1924 年冬天，他随孙中山北上，因肺病吐血进入德国医院，医生让他休息半年。高君宇却病情稍有好转就坚持出院。1925 年 3 月 1 日，国民会议促进会第一次全国代表大会在北京开幕，高君宇带病出席，最后实在坚持不住，被同志们送往医院，但是已经错过了最佳治疗时机，加上并发阑尾炎，终因体力不支，在几天后去世，年仅 29 岁，走完了他“我是宝剑，我是火花，我愿生如闪电之耀亮，我愿死如彗星之迅忽”的一生。

寻红色印记

娄烦县位于山西省太原市西北部，县名由历史上曾经的游牧民族楼烦发展而来，在西周的时候就有了人类居住的历史，史称“周王绘图有楼烦国”。我们熟悉的赵武灵王“胡服骑射”的故事中，他学习的“胡”，即是楼烦。漫长的历史变迁让楼烦逐渐以讹传讹写成了“娄烦”，让娄烦滋养出了郁郁葱葱的云顶山、碧水摇曳的汾河水库，也让娄烦孕育出了无数英雄豪杰，尤其是山西建党第一人、革命烈士高君宇。他的故事，时隔多年仍在传颂；他的信念，历尽劫难仍在坚守；他的故居在数百年之后，也迎来了新生。

高君宇故居始建于清咸丰年间高君宇曾祖时，坐北朝南依山而立，是一处比较典型的中国北方民居，最辉煌时占地 4500 平方米，有房 70 余间，有东上院、东下院、中院、西园和西园子五座院落和药店、油坊、粉坊、酿酒坊等作坊以及菜园、小花园等场所，高君宇自小在这里长大，这里的每一块青石板都留下了他的印迹。1996 年，为纪念高君宇 100 周年诞辰，娄烦县修复了原高君宇故居占地

1600平方米的中院，主要展示高君宇幼时的生活环境，以及一些老照片、旧资料，后来又对其他方面进行了进一步修缮。2016年12月，高君宇故居入选“全国红色旅游景点景区名录”。2019年10月，高君宇故居被国务院核定为第八批全国重点文物保护单位，同时，它还是山西省爱国主义教育基地、全国爱国主义教育示范基地。

高君宇去世后被埋葬在北京陶然亭公园。如今，陶然亭公园和高君宇故居一起，成为后世人们凭吊纪念这位革命先烈的圣地。虽然一手建立起了山西党组织的高君宇，再没能看到后来蓬勃发展的一切，但是他对马克思主义的积极传播，他对进步青年的精心培养，他用尽毕生精力、用生命在三晋大地上点燃的微弱火种，都在不断勉励着后来山西的革命者们在追寻真理的道路上前行，不断激励着一代又一代的进步青年，而这微弱的火种，也终成熊熊燃烧之势，彻底照亮了历史的天空，照耀着高君宇纪念馆里巍巍耸立的铜像，带来了光明灿烂的未来！

小贴士

娄烦县地理位置偏僻，属高寒地区，特产有土豆、小米、高粱、莜麦等营养价值极高的小杂粮。来到娄烦，可以品尝到莜面栲栳栳、莜面鱼鱼、山药圪搓搓、磨擦擦等流传千年的当地美食，还可以欣赏到旱船、高跷、剪纸、面塑、秧歌等保存完好的传统民间艺术。

关键词：

在太原解放纪念馆，你可以感受到革命先烈们为了解放全中国浴血奋战、不屈不挠的战斗精神，体会到我们今天的幸福生活是多么来之不易。

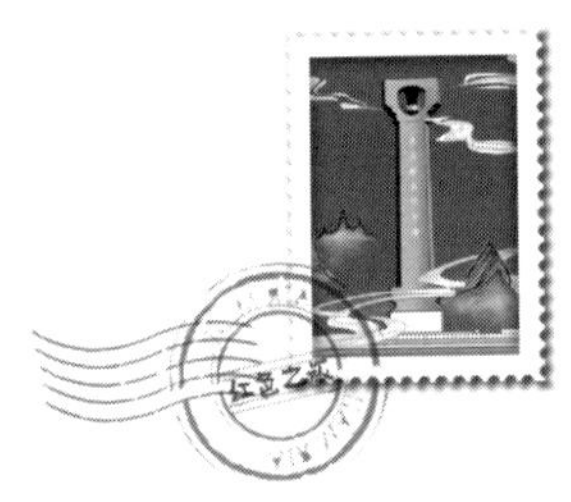

收件人：

爱阅读、爱旅行的你

寄件人：

《山西红色之旅》

003

太原·杏花岭

太原解放纪念馆

太原自古就是北方军事重镇，是兵家必争之地。解放战争中，因为太原有难以被正面攻陷的城防史，阎锡山建起了由各式堡垒与壕沟、暗道相结合，互为依托的多层次、大纵深的环形防御体系。但是正义终归是要战胜邪恶的，在艰难的太原解放战役之后，这座历史悠久的城池，终于回到了人民手中。

太原自古就是北方军事重镇，是兵家必争之地。

解放战争中，阎锡山妄想解放军也像历史上的攻城者一样铩羽而归。于是，他在北起黄寨、周家山，南达武宿、小店镇，西起石千峰，东到罕山的防线内，修筑了大小碉堡 5000 多个，在城东牛驼寨、小窑头、淖马、山头，城东北卧虎山，城东南双塔寺等要点，都建起了以碉堡群为骨干的永久性工事，形成了种类繁多的外围据点、纵深阵地和城防工事，使太原构成了由各式堡垒与壕沟、暗道相结合，互为依托的多层次、大纵深的环形防御体系。

这些碉堡以地堡、暗堡、梅花碉、筒碉、庙碉为主，依山势而建，种类多样，形态各异，尤其是有一处轮廓长得像寺庙、因为重要的军事价值和稳固结构而被称为“碉王”的阎锡山指挥碉——庙碉，堪称是牛驼寨防守太原东山的核心阵地。

要想攻克牛驼寨，必须先攻克庙碉。可是牛驼寨本就地势陡峭，沟壑纵横，是凭借天险扼守太原的关隘，也是阎锡山重兵把守且赋予厚望的“四大要塞”之一。

由石块和钢筋水泥构筑而成的庙碉更是异常坚固，墙壁厚度超过一米，四周还有几个各自有通道相连的小碉堡，炮弹打上去只能留下一个白点。即使在经历了多次重大战役之后，庙碉仍然基本完好，如今还是全国唯一一处保存完整的人民解放战争时期碉堡战斗遗址。可想而知，当年攻克庙碉、进而攻克牛驼寨，是多么艰难重大的一项任务。

1948 年 10 月 17 日，西北野战军第 7 纵队开始攻打牛驼寨，在攻下大部分阵地后，庙碉成为我人民解放军难以啃下的硬骨头，我军第一次攻克就牺牲了 600 余人。阎军展开了激烈的反扑，猛烈的炮火几乎摧毁了阵地上的一切，我军无奈暂时放弃了牛驼寨。五天之后，战斗重新打响。我军加强了炮火，敌人随之加强了增援，但都被我军的炮火阻拦，到最后，庙雕守军已然成为战场孤岛，但他们依然负隅顽抗。

11 月 11 日，我西北野战军第 7 纵队 7 旅发动最后的猛攻，可即使是重炮炮弹也无法轰塌庙碉，只能在外墙上留下浅浅的痕迹。于是，独 7 旅改变战法，决定采用爆破战术强攻庙碉。

11 月 12 日，在经过五次攻击、九次爆破，耗用 2000 余斤（1 斤 =0.5 千克）炸药之后，终于震塌了“地下堡”，将庙碉炸开一道缺口，震昏碉内守军，最终夺取了庙碉。在外围据点逐步被拔除，城防工事陆续被攻陷后，太原战役到了最后的阶段。

1949 年 4 月 24日凌晨，我人民解放军向太原发起总攻，万炮齐发，敲响了阎锡山统治的丧钟。20 兵团率先突破城垣，18、19 兵团也相继攻入城内，三箭齐发，势如破竹，攻向守军指挥中心。上午 9 时许，绥靖公署被攻下，孙楚、王靖国等高级官员尽被俘虏，太原宣告解放。

历时 20 余天的牛驼寨争夺战是太原战役中最为艰苦、惨烈的恶战。然而，人民战争前进的脚步是无法阻挡的，正义终归是不可战胜的，在艰难的太原解放战役之后，这座历史悠久的城池，终于回到了人民手中。

1959 年 10 月，为纪念在太原解放战役中英勇牺牲的解放军战士，铭刻他们的功勋，安放烈士的遗骨，太原市委、市政府在牛驼寨修建了烈士陵园，1988 年又在此基础上修建了太原解放纪念馆。

扩建后的太原解放纪念馆和牛驼寨烈士陵园坐东向西，占地 245 亩（1 亩约为 666.67 平方米），分为太原解放纪念碑区、徐向前元帅铜像纪念区、解放太原展览区、烈士陵园区、兵器陈列区五部分。

一进入陵园大门，镌刻着由徐向前元帅题写的“解放太原纪念碑”鎏金大字的纪念碑就跃入眼中。碑高 49.424 米，整体造型就像一把钥匙，不仅象征着太原于 1949 年 4 月 24 日解放，也蕴含打下牛驼寨就开启了解放太原的大门，更象征着太原人民从此掌握了通往幸福生活的金钥匙。

主碑西南侧是一座副碑，形似被炸开的碉堡，四壁镶嵌着大型浮雕，生动地反映了解放太原的实况、太原人民解放前的苦难生活和反抗压迫、争取解放的斗争精神。

在陵园大门西侧，还有形似钢钳的白色凯旋门，钢钳下合围着一个大理石制成的乌龟壳，寓意为“瓮中捉鳖”。这些建筑，仿佛都在向人们诉说着太原伤痕累累的过去，而徐向前元帅纪念广场上，高 4 米的徐向前元帅铜像巍然屹立，则像是在欣慰地看着今日的幸福生活，迎接着美好未来。

如今，太原解放纪念馆已成为全国爱国主义教育示范基地、全国红色旅游经典景区、全国重点烈士纪念物保护单位和国家国防教育示范基地。在阳光的照耀下，巍然屹立在龙城之巅，接受着来自四方游客的缅怀和纪念。

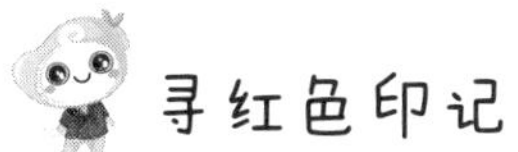

寻红色印记

太原，古称晋阳，又称“龙城”。

春秋时期，这里属于晋国疆域。自从 2500 多年前晋国正卿赵简子在此筑城之后，就成为屹立在华夏北方大地上的一座雄城。它处于传统农耕民族和游牧民族的分界线上，又位于南北交通的战略位置，文化交流十分频繁、碰撞特别激烈，自古就是兵家必争之地，几乎从它诞生的那一天开始，就和烽火硝烟相伴。

春秋末年，晋国六卿内乱，韩、魏、智三家围攻赵氏，晋阳成为赵氏最牢固的堡垒。三家围攻两年都无法攻下，后来智瑶引水灌溉晋阳城，城中到了“巢居而处，悬而炊，财食将尽，士卒病羸”，百姓“易子而食”的地步。生死存亡之际，赵襄子派出家臣张孟谈趁夜出城，密会韩、魏，最终利用三家嫌隙，联合韩、魏反灭了智，三家尽分智地，赵氏多得十城。

西晋末年，胡人南下，整个中原成为游牧民族的草场。只有刘琨带着 1000 多人驻守在晋阳，不仅抵挡住了匈奴族刘渊的攻击，还增修了晋阳城，十几年里，晋阳成为衣冠南渡后汉人唯一的寄托。盛唐时期，李唐王朝龙兴之地晋阳被称为北京，与西京、东京一起，位列当时三大都城之一，繁华荣耀，盛极一时。宋朝初年，赵匡胤、赵光义兄弟开启统一中原之役，兵锋所指，所向披靡，只有晋阳，屡次挡住了他们的铁蹄，一直到最后，也没有攻破城池。北汉小朝廷投降后，千年晋阳城被赵光义付之一炬，化为白地，但太原重要的战略位置并没有因为晋阳的消失而减轻半分。在离晋阳古城北 25 千米的地方，又有一座雄城——太原府城拔地而起，今天的太原城就是在此基础上发展起来的。

太原府城在宋设有潘美帅府，在元为河东肃政廉访使驻地，在明清为山西巡抚衙门所在地。民国时期，统治山西的阎锡山的督军府、绥靖公署也设在这里。

原来的晋阳古城于明朝初年被洪水淹没。明洪武八年（1375），明政府在晋阳古城的遗址上，又重建了太原古县城。自此，太原府和太原县并存，一直是山西地区的政治、经济和文化中心。

新中国成立后，绥靖公署成为山西省人民政府驻地，见证着山西进入新时代后的每一个发展。同时，其以“山西督军府旧址”的名义，在 1986 年被评定为省级重点文物保护单位，2019 年又成为第七批全国重点文物保护单位。

整个督军府旧址占地面积 35110 平方米，主要由门楼、前院楼房、渊谊堂、小自省堂、梅山和玉堂春组成，是全国保存下来较完整的督军府旧址之一。

渊谊堂原来是明清巡抚衙门大堂，后改建为二层小楼，成为接见厅。小自省堂，即梅山会议厅。而梅山，原为清代巡抚堆放煤的地方。张之洞任山西巡抚时，改建为北高南低的假山，并称为“梅山”。阎锡山积土叠石，扩大加高，扩建为山景园，又嫌弃梅山和“霉山”同音，就改为“进山”，意思是要“改进”山西，使山西“进步”；梅山上还建有一座西式钟楼，称为“进山钟楼”，在日军侵华以及太原解放战役中两次遭到破坏，1952 年被省政府重新修缮。钟楼上放置有自鸣钟，每到正点，钟声响起，洪亮悠远，半个太原城都能听见。

2020 年 12 月 28 日，山西督军府旧址辟为晋商博物院，正式对外开放。

如今，来到这里，既能通过常设的“天下晋商”展览，系统了解晋商 600 年的发展历史，也能通过那些碧瓦红墙、走拱飞檐，一窥这座民国督军府的奥秘。

位于晋源区太原东西两山之间、历史更为久远的晋阳古城遗址也在 2013 年被重新修缮，古城遗址约 200 平方千米，由城池遗址、古墓葬遗址等组成，被誉为中国版的“庞贝古城”。

修复保护工程完工后被称为“太原古县城”，占地约 0.8 平方千米，现存文物建筑 79 处，被太原市政府挂牌保护的历史建筑有 49 处，主要景点有县衙、布政分司署、文庙、关帝庙、金牛湖公园仿古建筑群等，其中文庙被列为全国重点文物保护单位。县城内有各色小吃、非遗展览、娱乐表演等等，具有山西文化特色，古今交融，热闹非凡。

2021 年 5 月，这座外形似凤凰、头北尾南、被称作凤凰城的太原古县城正式对外开放，与周遭的晋祠、天龙山、龙山、蒙山、晋阳湖连成一片，形成了晋阳文化旅游系列建筑群。

从庙碉到太原解放纪念馆的变迁，从督军府到晋商博物院的演变，从晋阳古城到太原古县城的衍生，历史改换了它们的模样。

小贴士

在跌宕起伏的太原千年历史中留存下来的，是诞生于这个过程中光辉灿烂的文化。

“控带山河，踞天下之肩背”“襟四塞之要冲，控五原之都邑”的太原，是国家历史文化名城。

从唐代边塞诗人王昌龄、王之涣，到诗豪白居易、名相狄仁杰，再到写出旷世名著的罗贯中、元好问、傅山；从古老的晋祠，到现存元代最大的道教石窟——龙山石窟；从雕刻于北齐天宝时期的蒙山大佛，到始建于明万历年间的双塔寺；以及有 280 多种制作工艺，以打卤面、刀削面、拨鱼儿、猫耳朵等为代表，可以蒸、煮、煎、炒、烩的一百多种面食，都是它的标志性元素。

如今的太原越来越美。穿越整个太原市、诞生了无数故事传说的悠悠汾河，给太原带来了温润的空气和旖旎的风景；曾经遍布小煤矿的东山、西山也变成了一座座樱花、杏花、桃花盛开的花园。

绿水青山就是金山银山，太原的经济和文化发展，在新时期都取得了巨大的飞跃。

山西红色之旅
大同

关键词：

在平型关大捷遗址，你可以真切地感受到当年那场战斗的残酷，了解到古老的平型关是如何成为中华民族抵御外侮的精神特征的。

收件人：

爱阅读、爱旅行的你

寄件人：

《山西红色之旅》

004

大同·灵丘

平型关大捷遗址

平型关大捷，不仅表明了中国共产党和八路军抗战的坚强决心，更给低谷中的中国人打了一剂强心针。八路军用不争的事实向全国、全世界宣告，“日军不可战胜”的神话是彻彻底底的谎言。平型关大捷不仅迟滞了日军的战略进攻，打乱了敌人沿平绥铁路右翼迂回华北的计划，更大大振奋了中华民族的士气，鼓舞了全国人民团结抗战的信心，对华北战局和全国抗战形势产生了深远影响，在中共党史、中国抗日战争史和解放军战史上写下了光辉的一页。

讲红色故事

1937 年 7 月 7 日卢沟桥事变后，全面抗战爆发。日军加快了侵华的步伐，7 月末，日军在接连占领北京、天津后，为夺取山西丰富的煤炭资源，又派遣大批军队攻取山西。阎锡山组织的大同会战流产后，日军分两路进攻山西腹地，北线关东军蒙察支队进攻雁门关，东线第 5 师团 21 旅团经广灵、灵丘进攻平型关。平型关本来不是阎锡山想要发起战役的地方，但面对第 5 师团的突然来袭，阎锡山也不得不抽出兵力应付、预备平型关战役，且做出了诱敌深入、消灭来犯之敌的计划。但是战役进行得并不顺利，阎军中一部分阻击不力、擅自撤退的行为，使得战场形势急转直下。而当时，已经答应阎锡山请求，接受从侧翼攻击日军任务的八路军第 115 师还不知道这一切。

平型关位于山西省繁峙县东北与灵丘县交界的平型岭下，古称瓶形寨，以周围地形如瓶而得名，平型关正扼守瓶口。到明朝时，平型关成为长城的一个重要关口，正德六年（1511），明政府又在岭上修建了关城，从此平型关和宁武关、雁门关、娘子关等一起，成为长城防御体系的一部分，抗战时又成为八路军东渡黄河首先踏上的战场。

八路军第 115 师在战前动员会上特意强调："中华民族正在经历着巨大的考验！我们共产党人，应该担当起，也一定能够担当起这救国救民的重任!"中国共产党和八路军用实际行动表明，参与这场全民族的抗战并不是一句空话。朱德、彭德怀多次给予指示，第115师师长林彪更是亲赴险地，三次到平型关实地考察。最后一次考察时，林彪带上第115师的旅长、团长们，结合地形给他们指定了伏击地点，详尽安排了战斗任务。

1937年9月24日傍晚，林彪和聂荣臻给各旅团下达了出击的命令。部队集结完毕，于当晚24时出发。不巧的是，当时狂风大作，天降大雨，为了隐蔽，部队又选择从小路开进战场。小路崎岖又泥泞，行进十分困难，深秋的晋北十分寒冷，战士们还穿的单衣，一个个冻得直哆嗦。暴雨引起的山洪也成了部队的拦路虎，水最深的地方到了胸间。战士们只好把枪和子弹挂在脖子上，手拉手从湍急的河水中趟过。终于，各种困难都被英勇的八路军克服后，9月25日凌晨，各部都到达了预定地点，开始修筑工事。

然而，正式战斗打响前，在腰站负责阻敌增援的师独立团，首先就和从涞源方向开来的日军两个联队碰了面，且日军联队先头部队已经占领了高地。狭路相逢勇者胜，负责阻击的独立团一营，在满腔怒火的呐喊中，冲向了数倍于己的日军。一个人倒下，后面的人跟上，绝不让日军踏过阵地。战斗中，战士们即使负伤，也要用尽最后一点力气和敌人同归于尽，战斗过后，一营一连和三连减员过半，营教导员张文松等壮烈牺牲。在独立团将士的全力阻击下，直至平型关战斗胜利，日军始终未能越雷池一步。

伏击日军的主战场在灵丘县城和平型关之间的乔沟，乔沟是一条很窄的沟壑。9 月 25 日清晨 7 时左右，日军第 5 师团第 21 旅团一部乘汽车 100 余辆，附辎重大车 200 余辆，由东向西缓慢地进入乔沟公路。被誉为不可战胜的这一支日军，因为之前的连战连捷，根本没有想到，这儿将是他们的坟墓。当敌军全部进入伏击圈后，我军各团同时开火，发起猛烈攻击，机枪、步枪、手榴弹、迫击炮枪炮齐鸣。日军毫无准备，被打得人仰马翻，一片混乱。八路军顺势冲下来，对日军分割包围，并发起了白刃战。最激烈的战斗发生在担任截击任务的 685 团二、三营阵地上。那是一片开阔的河谷地带，陷入包围的日军急于逃离，像困兽般疯狂反击。前身是中央红军主力的 685 团战斗力十足，二营五连连长曾贤生率先向敌人突击，一个人刺死十几个鬼子，多处负伤后拉响了最后一颗手榴弹，与敌人同归于尽。他的壮烈行为感染了身边的战友们，五连打到最后只剩三十多位战士，却仍然顽强地与敌人拼杀。三营九连和十连也是如此，不管自身伤亡，勇敢地与敌人拼杀，哪怕手上没有武器，用石头、用牙齿，也要把鬼子消灭掉。

在精良的武器装备支撑下，日军率先占领了乔沟北侧的制高点老爷庙，这对我军造成了巨大威胁。抢占老爷庙的是我军第 686 团三营，战斗依然非常惨烈，被俘虏的日本伤兵不放下武器投降，趁我军给他们治疗时杀伤我方战士，六架日军飞机也前来助战，导致最早冲上去的一批三营战士全部壮烈牺牲，老爷庙高地失守。好在687团二营及时前来援助，在三营和二营的共同奋战下，最终我军牢牢地把控住了老爷庙制高点，完全掌握了战场的主动权。平型关战斗一直持续到当日下午3时才告结束，日军坂垣第5师团第21旅1个大队和后勤人员1000余人全被歼灭，同时击毁汽车100余辆，缴获了大批辎重和武器，我军取得了彻底的胜利。而这场胜利，也是中国军队全面抗战以来取得的第一个大胜仗。

从1894年的中日甲午战争到1931年的九一八事变，面对日军的逐步紧逼，中国一直处于下风，大片国土在日军铁蹄下沦丧。“日本强，中国弱，日本不可战胜”，不仅是日本人这么想，好多中国人也这么认为。全面抗战爆发后，许多人都非常悲观，华北的飞速沦陷更加深了这一亡国论调。平型关大捷，不仅表明了中国共产党领导下的八路军抗战的坚强决心，更给低谷中的中国人打了一剂强心针。八路军用不争的事实向全国、全世界宣告，“日军不可战胜”是彻彻底底的谎言。所以，平型关大捷不仅迟滞了日军的战略进攻，打乱了敌人沿平绥铁路右翼迂回华北的计划，更大大振奋了中华民族的士气，鼓舞了全国人民团结抗战的信心，对华北战局和全国抗战形势产生了深远影响，在中共党史、中国抗日战争史和解放军战史上写下了光辉的一页。

同时，平型关大捷还提高了中国共产党的威望，为八路军在华北创建抗日根据地、开展敌后游击战争创造了有利条件，奠定了广泛的群众基础。《八路军军歌》中开篇即唱的“首战平型关，威名天下扬”，正说明了平型关大捷是对八路军最好的宣传。在平型关大捷的鼓舞下，大批青年积极报名参加八路军，第 686 团组织处股长欧阳文后来回忆：“平型关一战我们八路军、第 115 师一下就打出名气了，战后我们到晋南招兵。我们团的招兵处和国民党的紧挨着，他们那边根本没人去，我们用了一个星期就招了 3000 多人。”从此，八路军开始逐步成为华北抗战的主力。

寻红色印记

山西省大同市灵丘县，位于山西最东北处，和河北省交界，是晋冀交通要冲。

灵丘县又有山多、坡多、沟多的地理特点，县境内大小山峰有 500 多座，山峰之间，沟谷纵横，坡丘连绵，易守难攻，自古就是兵家必争之地。

灵丘县的得名，和历史上以雄武著称的赵武灵王有关。

赵武灵王名为赵雍，是战国时期赵国的第六代君主。

赵武灵王在位期间，冲破赵国守旧势力阻碍，大力推行“胡服骑射”军事改革，让赵国兵士脱下宽大的服装，穿上紧窄的胡服和短靴，人人练习骑射，大大加强了赵国的军事实力。之后，他接连吞并了中山、林胡、楼烦，设立云中、雁门、代三郡，开拓了赵国的疆土，让赵国从战国时期的二流国家一跃成为强国之一，并且一直受惠到战国末年。

据说赵武灵王在赵国内乱中死于沙丘宫（河北省广宗县）。但自古以来，大部分人都认为灵丘县是赵武灵王陵墓所在地，西汉时期据此设立了灵丘县。县名之中的“灵”取自赵武灵王的谥号，“丘”就是坟丘的意思。

在后来的岁月中，位于边境之地的灵丘县接连遭遇各种征战，逐渐成为一座彪炳着英烈勇武之气的县城，而发生在1937年9月末的平型关大捷，可以说是历代发生在这里的所有战争中最传奇、影响最大、最深远的一场战争。

时光如梭，转眼已经过去了84年，但平型关的烽火没人忘却。

位于灵丘县城西南的平型关大捷遗址，由平型关战斗遗址、纪念馆、纪念碑和将帅广场等组成。1961年，平型关战役遗址被国务院列为第一批全国重点文物保护单位；2005年，被中宣部命名为“全国爱国主义教育示范基地”；2014年，被国务院列入第一批国家级抗战纪念设施、遗址名录。

平型关战斗遗址处于一处天然沟壑中，两边是数十米高的悬崖，山石陡峭，一条公路蜿蜒穿过，让前来此地的游客能亲身体会到地势之险要和八路军将士冲杀之艰辛。

平型关大捷纪念馆位于乔沟南侧约1千米的山坡阶地上，建于1970年。纪念馆收藏了与战役有关的许多图片、文献资料和文物，还大量运用现代科技和艺术手段再现了平型关大捷的战斗场面，带给每一位游客身临其境之感。

在平型关大捷纪念馆东侧1千米的石灰岭上，建有一座雄伟高大的平型关大捷纪念碑，象征着八路军不畏强敌、英勇战斗的精神。

碑基高 1.15 米，寓意参战部队八路军第 115 师；碑座、碑体高分别为1.937 米和 9.25 米，代表平型关战役发生的时间为 1937 年 9 月 25 日；碑正面是时任第 115 师独立团团长杨成武上将题写的“平型关大捷纪念碑”八个大字；背面记述了平型关大捷的战斗过程及重大意义。

在大同这片红色的土地上，除留有平型关战役相关纪念场馆外，还有驿马岭阻击战遗址、白求恩特种外科医院遗址等著名景点。

白求恩特种外科医院遗址在距离县城 67 千米的杨庄村，1938 年 11 月 9 日，国际共产主义战士、加拿大著名外科医生白求恩，率领晋察冀军区医疗队到达杨庄，在晋察冀军区医院第一所驻地的基础上创办了这所面积约 5000 平方米的白求恩特种外科医院。三间正房作为办公室，三间西房作为诊疗室，三间东房作为手术室，还有急救室和休息室。白求恩在这里抢救伤员、培训医生，做了 700 余例外科手术，在三个月的时间里挽救了无数军民的性命。三个月后，这位伟大的医生，又从这里奔赴下一处抗日前线。2016 年，白求恩特种外科医院遗址被命名为山西省爱国主义教育基地。

现在，当地已整理出“重走革命征程，开启红色文化之旅”旅游线路，串连起了最具代表性的十多个红色景区，欢迎着中外游客的到来。

小贴士

大同是著名的美食之乡，当年的老百姓用尽心尽力做的食物，滋养着八路军战士，渡过一个又一个难关，取得一次又一次胜利。

如今，当你来到这方美丽的土地，仍然可以品尝到用黍子碾出黄米，再用黄米磨成面，经过一道道工序，炸成的软黄脆香的油糕，当地人称吃了油糕寓意着节节高升。还有用苦荞面配以灵丘豆腐干、葱花、辣椒油做成的滑润爽口的灵丘凉粉，有消炎败火的功效。

此外，拥有270多年历史的灵丘熏鸡、黄烧饼、谷面糊糊，以及以莜面为原材料、用各种方式做出的凉拌莜面、莜面栲栳栳、莜面鱼鱼等美食，配上羊肉臊子或者西红柿蘸料，别提有多可口了。

看完当年的战争遗址，再品尝一下今天的美食，相信你更能体会到幸福生活的来之不易和革命先烈的英勇伟大。

山西红色之旅
阳泉

关键词：

在狮脑山森林公园，你可以感受到中国共产党及其领导的人民群众敢于亮剑、不怕牺牲、勇于担当、无私奉献的英雄气概。

收件人：

爱阅读、爱旅行的你

寄件人：

《山西红色之旅》

005

阳泉·郊区

狮脑山森林公园

阳泉狮脑山是名震中外的百团大战主战场之一，在中国抗日战争史上，拥有辉煌的一页。狮脑山上的百团大战纪念馆是全国唯一一座以百团大战为主题的纪念馆。

1947 年 5 月 2 日，阎锡山军也在狮脑山向我军投降，阳泉解放。5 月 4 日，中共阳泉市委、阳泉市人民政府正式组建，阳泉成为中国共产党创建的第一座人民城市，被誉为“中共创建第一城”。

柔软的白云在天空中自在地游弋，阳光里的森森绿树覆下倒影，欧式红房子在白云和树影里静静伫立，像平原上生长了几个世纪的童话。房顶的大钟摇摇摆摆，脚下的青苔一直向前，朱红色的大门锁着历史，锁着无数不为人知的秘密，紧闭着的，是圆拱形的橱窗，也是尘封了的时光，当你倾耳细听，似乎还能听到当年窄轨铁路上火车叮叮当当的响声……

这是位于山西省阳泉市德胜街北侧的阳泉老火车站，始建于1906年，当年9月正式通车，100多年来历经无数腥风血雨，如今依然遗留着旖旎的风景，是山西现存年代最早、最完整的一处百年车站。

距离阳泉火车站不远，矗立着建于同一时期的娘子关站。同样的绿瓦红砖、圆拱橱窗，似乎推开门，就能穿越到百年前的中国。

拥有这两座保存良好的百年老站、被称为“列车牵引的城市”的阳泉，原本只是个小村庄，古称漾泉，因泉水荡漾而得名。

1906年，全程243千米的正太铁路通车，设大小车站34个，在阳泉境内有69千米，由东向西设立了娘子关、阳泉等10个车站。

从此，阳泉境内一批采掘冶炼企业相继涌现，以保晋公司为代表的近代工业迅速崛起，阳泉也由车站发展为集镇，逐步走上了中国近代发展和革命斗争的前沿。

1937 年，日军从娘子关攻破防线进入山西后，平定、寿阳、太原等地相继沦陷。1940 年，德国法西斯气焰正盛，法国、荷兰、比利时投降，英国本土面临被侵威胁。日军趁此机会，全面加强对中国的经济封锁、军事进攻和政治诱降，给抗战增加了更大的困难，国民党内一些人更加动摇，妥协投降危机空前严重。另一方面，日军推行“以铁路为柱，公路为链，碉堡为锁”的“囚笼政策”，沿正太铁路等交通要道设立关卡，修筑碉堡，以期用它隔绝八路军总部、第 129 师活动的太行抗日根据地与晋察冀边区的联系，并以之为依托进攻抗日根据地。

为克服这一危机，八路军总部决定发起破袭战，打破日军的“囚笼”。从 1940 年 8 月 20 日开始到 1941 年 1 月 24 日，八路军先后出动了 105 个团、约 20 万人进行了这场战役，史称“百团大战”。

百团大战共分三个阶段，第一阶段中心任务是破袭正太路沿线交通，第二阶段是破坏交通线、摧毁日军主要据点，第三阶段是反击日军的报复性“扫荡”。作为正太铁路主要站点的阳泉镇，当仁不让地拉开了百团大战的序幕。

位于阳泉镇西南、距离火车站以西数里的狮脑山，又名狮子山、蒲山、蒲台山，因形似狮脑而得名。狮脑山海拔 1500 米，距市中心 10 千米，山势陡峭，雄奇壮丽，地势险要，易守难攻，它是正太铁路侧翼的制高点，堪称遏制阳泉之咽喉。山下就是正太铁路，与阳泉镇相距只有 3 千米，控制了狮脑山，就可以阻止阳泉守敌解救正太路西段的据点，也可以阻止平定、辽县的敌人前来救援正太路。

8 月 20 日晚 22 时，由聂荣臻指挥的晋察冀军区埋伏在正太铁路旁 15 个团的兵力，同时投入了战斗。14 团在旅长陈锡联、政治部主任卢仁灿的亲自指挥下，冒着暴风雨占领了狮脑山，紧跟着构筑了工事，对驻守在阳泉的日军发起进攻，以牵制日军，掩护正太铁路上的交通破袭战。在我军的强大攻势下，日军仓皇应战，第一次交战以日军失利告终。

21 日早晨，不甘失败的日军在毒气和炮火的掩护下，又向我八路军阵地发起进攻，我军英勇给予敌人以还击，致使日军第二次惨败。日军恼羞成怒，又于午后 3 时增兵 150 余人，绕到狮脑山右侧西峪村，采取分进合击之战术，妄图使我军腹背受敌。

陈锡联和卢仁灿正带领着 769 团一、三营营长在这一带查看地形，发现敌人后，具有丰富战斗经验的陈旅长命一、三营立即投入战斗。第 14 团也发现了敌人企图，几股力量给予日军出其不意的迎头痛击，陷偷袭日军于三面夹击之中。日本敌炮兵中队长中岛等 40 余人毙命。

22 日，日军再次集结 200 余人，向一个叫燕子沟的阵地发动了进攻，企图打开一条通路，以解正太铁路之困。我军利用地理优势，再次打退了敌人。连吃败仗的日军恼羞成怒、气急败坏，倾巢出动 800 余人，在 20 余架飞机、大炮的掩护下不断向我军阵地发起攻击，造成我军大量伤亡。但英勇的八路军将士临危不惧，工事毁了就用弹坑当掩体，机枪手牺牲了弹药手继续打，子弹打光了就和敌人展开肉搏战，用集束手榴弹驱散毒气……

最终，敌军死伤300多人，狼狈撤退。我军在狮脑山与敌人奋战了七个昼夜，尽管战士们只能吃些豆角南瓜菜汤，啃些尚未成熟的玉米当食物，但在如此艰苦的条件下，阵地也始终牢牢固守在我军手中，彰显了八路军不可战胜的英雄气概。

正太铁路沿线的其他战斗也在同一时间持续展开并接连取得胜利，仅仅在三个半月内，八路军就进行了大小战斗1800余次。

其中——

毙伤日军26000多人；

毙伤伪军5100多人；

俘虏日军280多人；

俘虏伪军1400多人；

日军自动携械投诚者40多人；

伪军反正者1800多人。

其中——

破坏铁路470千米；

破坏公路1500多千米；

破坏桥梁210多座；

破坏火车站30余个；

破坏电线杆100000余根；

收电话线42000多公斤（1公斤=1千克）；

破坏煤矿5个、仓库11所。

此外还缴获了大量军用物资。

百团大战是中国共产党领导下的八路军和抗日人民在华北向日军发动持续时间最长、范围最广、参战人数最多、给予日军打击最大的一场战役，在我国抗日战争史上写下了光辉灿烂的一页。这场战役的胜利，沉重打击了日军的“囚笼政策”，也推迟了日本的南进步伐，同时，华北战场的胜利影响了全国战局，有效制止了国民党内存在的妥协思想，也打破了国民党散布的“八路军游而不击”的谣言。

解放战争时期，1947年春，晋察冀军区根据中央军委的指示精神，决定发起正太战役。战役计划是，第一阶段攻歼石家庄外围国民党军，第二阶段沿正太铁路向西发展，扩大战果。狮脑山，又一次成为中国解放的重要战场之一。

1947年4月22日，晋察冀军区遵照中央军委主动作战的政策，于24日攻克娘子关。5月1日，阎锡山军除保安第五大队固守城南狮脑山担负掩护外，其余部队突围西撤，被晋察冀军区主力包围于赛鱼地区；5月2日，被围之敌在我军猛烈攻击下突围，大部分被歼灭，狮脑山之敌500人向我军投降，战役结束，阳泉镇获得解放。这场战役打通了晋察冀和晋冀鲁豫解放区之间的联系，使得石家庄的国民党守军陷入孤立，从此晋察冀部队开始掌握了战场主动权。

为了动用阳泉丰富的煤铁资源支援解放战争，中共晋察冀中央局决定：将阳泉镇从平定县划出，建设为新型工业城市。1947年5月4日，中共阳泉市委、阳泉市人民政府正式组建，阳泉成为中国共产党创建的第一座人民城市，被誉为“中共创建第一城”。

在我党夺取全国胜利之前，我军曾收复过诸多城市，但均属接管性质，阳泉市则是中国共产党亲手创建的第一座人民城市。这为之后的城市工作积累了丰富的经验，后来被全党广为借鉴，为全国解放后应对工作重心由农村向城市的战略转移，摸索、积累政权建设、经济建设和城市管理经验，做了充足的准备。

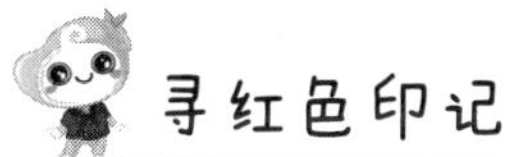

为纪念百团大战的伟大胜利，缅怀为国捐躯的抗日英烈，1985年4月，阳泉市委、市政府决定在狮脑山森林公园主峰兴建百团大战纪念碑，于1987年6月30日建成。纪念碑由主碑、副碑、圆雕、题字碑、烽火台、“长城”等组成建筑群，主碑与三个副碑共同构成一个巨大的箭头，指向石太铁路，寓意百团大战以破击正太（石太）铁路拉开序幕。东西两侧的四个烽火台与蜿蜒起伏的“长城”连接，意味着中国共产党领导的人民军队，是中华民族坚不可摧的钢铁长城。

1995年8月，阳泉市委、市政府又建起了百团大战纪念馆；1997年，百团大战纪念碑（馆）被中宣部命名为全国首批“百个爱国主义教育示范基地”；2010年，新的百团大战纪念馆在纪念碑旁落成，共分五个展厅，馆外是宽阔有序的广场，馆内收集了470多幅珍贵照片、图片，并用实物、各种声、光、电技术以及大型雕塑对这段历史进行了展示。

2005年9月，阳泉市委、市政府在百团大战纪念碑红色旅游景区狮脑山东侧，新建了革命烈士纪念碑、中共创建第一城纪念墙、革命烈士英雄事迹陈列室、阳泉革命历史纪念碑等纪念阳泉解放战争胜利的场馆。沿着绵延的山路，穿过狭长的门洞，踏上青苔的石阶，抬眼望去，就是中共第一城纪念碑所在地。整个景区占地面积约1.3万平方米，建筑面积为8650平方米。烈士纪念碑由三片高低错落的弧形巨大墙片和一道纪念墙组成，碑刻“革命烈士永垂不朽”八个大字，背面则详尽介绍阳泉光荣的革命历史。“中共第一城”纪念墙长19.47米，高5.4米，隐喻阳泉建市于1947年5月4日，墙的正面镌刻着时任阳泉市委书记程步云题写的“中共第一城”五个大字，背面是解放阳泉战役中牺牲的革命烈士名单。

阳泉革命历史纪念碑与百团大战纪念碑（馆）融为一体，成为一处红色旅游景点，为广大人民群众提供了一处学习瞻仰先烈、进行爱国主义和国防教育的阵地。

除狮脑山这处革命历史纪念地之外，阳泉还有建于民国的砖石建筑人民日报社阳泉造纸厂旧址、八路军药岭山利华制药厂旧址，以及保晋文化园、七亘大捷纪念碑、娘子关保卫战遗址等红色革命遗迹138处，当地政府正在修缮阳泉市委、市政府旧址。这些丰厚的红色资源都是阳泉弘扬红色文化、坚定理想信念的力量源泉和有力支撑。

在这些红色景区中，风景最为优美的当属原本就是中国万里长城著名关隘、人称“天下第九关”的娘子关景区。传说娘子关为当年大唐平阳公主驻防时修建，现存城关始建于明代，古城堡依山傍水，居高临下，一览无余，有承天寨、老君洞、烽火台、点将台、洗脸盆等十多处景点。最神奇的是，高高的峡谷中突然出现了一汪碧水，光如明镜清冽可鉴，形成了山中有湖、湖中有山的特殊景观。

若你来到阳泉，一定要穿过窄铁轨，经过红砖墙，听听各种各样的故事，在一天的时光里，穿越百年的光阴。这是美好的一天，也是阳泉的一天，有了这样美好的阳泉一天，才会有更加美好的阳泉明天。

小贴士

山西最经典的菜肴——过油肉即源自名城阳泉平定，用木耳和蒜薹大火炒制，是著名的传统美食。其他还有用绿豆掺入少量面粉压制而成的面食漂抿曲；把土豆、豆角洗净切块下锅，待到菜半熟时，撒入面粉继续蒸煮而成的糊嘟等美食，都诞生在阳泉，都有动人的故事和深厚的文化。

山西红色之旅
长治

关键词：

在西沟展览馆，你可以看到一幕幕社会主义革命、建设和改革开放的缩影，感受到慷慨激昂无所畏惧的开创精神。

收件人：

爱阅读、爱旅行的你

寄件人：

《山西红色之旅》

006

长治·平顺

西沟展览馆

长治是革命老区，所属平顺县有一个虽然缺水、但靠着治山被评为“全国文明村”的著名村落——西沟村。新中国成立前的西沟村是一个“光山秃岭乱石沟，庄稼十年九不收”的穷山沟，这个太行山深处的小山村，有大小山头232个，深浅山沟230多条。就像民谣唱得那样：“山连山，沟套沟，山是光头山，沟是乱石沟，冬季雪花卷风沙，夏天洪水如猛兽。”

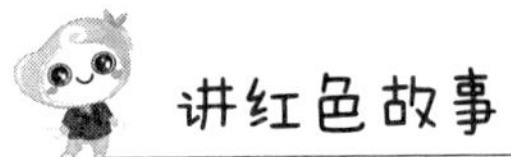

讲红色故事

1930年，15岁的李顺达从河南省林县东山底村逃荒来到西沟，在这同样贫瘠的小乡村度过了一段艰难困苦、食不果腹的日子。1938年，八路军来到太行山区建立了抗日根据地政府，李顺达第一次看到了人生的希望。1938年7月，李顺达成为一名光荣的共产党员。

1941年到1943年，抗日战争进入极端困难的时期，太行老区在日本侵略者的疯狂“扫荡”、国民党顽固派降日反共，以及连年自然灾害的影响下，只能靠采树叶、挖野菜、吞草根、食咸土充饥度日。一时间，太行老区受灾人口占到总人口的一半以上。为确保农业生产顺利进行，西沟村接连成立了农会、青救会、妇救会、武委会等各种抗日救国群众团体。李顺达当选为民兵队长，白天带领民兵劳动，晚上组织练武，开展生产自救。

面对老西沟“石头山、石头沟，没土全石头，谁见也发愁”的状况，1943年2月，李顺达联络了宋金山、路文全等六户农民，讨论决定把村中分散的劳动力集中起来，分工协作，互相帮助，成立生产互助组，并且制订“山上造林，河沟修地，组织合作社，改造大自然”的村中发展计划，从此开启了西沟人民“向自然要粮”的新模式。

9个月之后，也就是这一年的11月29日，毛泽东主席在陕甘宁边区劳动模范大会上提出：互助合作，“这是人民群众得到解放的必由之路，由贫苦变富裕的必由之路，也是抗战胜利的必由之路”。这次题为《组织起来》的讲话，为后来的中国农业互助合作发展道路指出了方向。在党的精神指引下，在李顺达的带领下，为了改变西沟穷山恶水的面貌，早日过上富裕生活，西沟人起早摸黑、不分寒暑，奔走在开田、植树、修坝的工地上，把石头山见缝插针栽树，让干涸河沟变成土地。到 1943 年春，互助组总共开荒 120 亩，全部种了蔬菜，到夏季蔬菜成熟时节，吃都吃不完。

就这样互助合作几年下来，这个从前几乎不具备生存条件的旧西沟，竟然建成了全国闻名的模范村。

1944 年 11 月，李顺达作为互助组带头人，出席了太行区第一届群英会，被评为“生产互助一等英雄”，领到了一头大黄牛和一面写有“边区农民的方向”的奖旗，从此，这面奖旗就高高地飘扬在了太行山上。

1948 年，李顺达家盖了新门楼，平顺县人民政府专门颁发给他刻有“劳动起家”的牌匾，这块匾至今都悬挂在李顺达的老宅大门上。

到了 1951 年，李顺达互助组向全国发出开展“爱国丰产竞赛运动”的倡议书，倡议书被登在了《人民日报》头版，当时全国各地有 1900 多个互助组和 1600 多名劳模迎战，引发了一场“全国性的爱国主义生产竞赛热潮”。

就在西沟村热火朝天开始建设家园的时候，18 岁的申纪兰从山南底村嫁到西沟，正好赶上了西沟的建设高峰，赶上了那个热血沸腾的年代，从此，她与西沟的命运紧密地连在了一起。

早在1950年，申纪兰就联络了十多个要好的姐妹加入互助组。1952年，申纪兰担任西沟合作社副社长，她上任的第一件事就是动员、带领姐妹们冲破“好女走到院，好男走到县”的陋习，下地劳动。但是妇女们却发现，男劳力干一天记工分是十分，女劳力则是五分，这大大挫伤了妇女的积极性。于是，申纪兰就带着西沟妇女和男人们开展了一场富有历史意义的劳动竞赛，争得男女同工同酬的权利，成为现代中国农村妇女争取同工同酬的第一人。

1952年，上级批准李顺达等28户农民创办了“西沟金星农林牧生产合作社”，李顺达被选为社长，申纪兰为副社长，由于合作社实行了男女同工同酬和合理的“六定一奖”计酬办法，大大激发了社员的热情和干劲，粮食亩产比互助组时期增加了30多公斤。当年，李顺达被中央人民政府授予爱国丰产“金星奖章”，成了全国著名的劳动英雄。

1953年1月25日，《人民日报》发表长篇通讯《劳动就是解放，斗争才有地位——李顺达农林畜牧生产合作社妇女争取同工同酬的经过》，申纪兰的事迹逐渐传遍了全国。

1954年，“男女同工同酬”在第一届全国人民代表大会上，正式写入了宪法，改变了后来千千万万妇女的命运。

1983年李顺达逝世后，申纪兰就成了西沟村的“唯一”。就像西沟村人自己总结的那样，“先是李顺达的时代，然后是申纪兰的时代”。

从1954年25岁的申纪兰当选第一届全国人大代表、参加第一届全国人民代表大会到2020年，她是唯一一位连任13届的全国人大代表。多年来，申纪兰先后荣获“全国劳动模范”“全国优秀共产党员”“全国脱贫攻坚‘奋进奖’”“改革先锋”等称号。

2009年5月25日，习近平总书记在平顺西沟考察调研时指出，“太行精神光耀千秋，纪兰精神代代相传”“西沟60多年的发展，是社会主义革命、建设和改革开放的缩影，特别是李顺达、申纪兰的劳模精神，需要好好总结和发扬”。

2019年9月29日，申纪兰还和钟南山等一起，在中华人民共和国国家勋章和国家荣誉称号颁奖仪式上，获得了由习近平总书记亲自颁授的“共和国勋章”。

在李顺达、申纪兰的带领下，西沟人经过几十年的治山治沟、拦洪筑坝、绿化山林，终于把“有水石头流，没水渴死牛”的老西沟，变成了鸟语花香的绿色西沟。

新时期以来，西沟村更是顺应国家发展经济的政策，着力推动脱贫攻坚、乡村振兴，造林绿化总面积达到了25000亩，森林覆盖率达90%以上，已建成观光旅游、森林休闲、田园采摘、农产品开发四大园区，成为全国农业旅游示范点，初步形成了建筑建材、冶炼化工、农副产品加工和外向型企业为主的新格局。

“清崖如点黛，赤壁若朝霞，树翳文禽，潭泓绿水，景物奇秀，为世所称”，这段出自我国古代最全面、最系统、综合性地理著作《水经注》的评价，说的正是山西的浊漳河。

浊漳河源自长子县发鸠山，是长治市最大的河流，因河底泥沙较多而称“浊”，潺潺流水一路奔涌，或惊涛拍岸，或细水长流，形成了波光粼粼、水天一色的太行水乡独特风光。在向东奔流到平顺县阳高乡奥治村时，地势急转，浊漳河也一泻而下，冲刷出一个人称“山西第一湾”的大弯，也是传说中当年大禹治水的地方——大禹峡。

平顺在历史上干旱缺水，但因为浊漳河近年治理得当，反而有了太行水乡的美誉。大禹峡是平顺一处丹崖地貌的峡谷地带，全长大约三千米，整个峡谷蜿蜒曲折，犬牙交错，似刀劈剑削，由于河水终日奔涌不息、水汽氤氲，峡谷之中也终年云雾缭绕，仿若仙境。

相传共工撞断不周山后，天下的大洪水依然没有止住，大禹的父亲伯鲧奉命治水，到了此地，想要引浊漳河向南而行，结果功不成而身故，大禹继承父亲的遗志，因势利导，去除浊漳河中壅塞泥沙，浊漳河才开始向东而流。

据说大禹在此治水最为耗费心力，他的新婚妻子女娇每日在涂山家中痴痴地等他回来，等到衣带渐宽、花容憔悴，等到孩子都出生了，还等不到大禹回家，只能听到人们对自己丈夫“三过家门而不入”的赞颂。

女娇心中哀怨，有一天，她登上山顶，苦苦遥望，仍然不见大禹的身影，望着黄昏的日暮，女娇充满惆怅地吟出了：“候人兮猗!”意思大概就是“等候的人啊，多么长久……多么长久……”这句婉转的歌儿和《击壤歌》《南风歌》等歌谣一起，成为上古时代最早的歌谣之一，也成为中华民族的文学启蒙，启发了越来越多的后来人，创作出浩瀚如星河、绵延几千年的中华诗词。

当年大禹在峡谷疏凿的痕迹，至今仍然可以在崖壁上看到，大禹峡所在的阳高乡奥治村，传说最初叫“善治”，大禹治水之后才改名奥治。寓意之一是为鲧蛮干而“懊悔”，寓意之二是治水有奥妙，要科学治水，按规律办事。

除大禹峡外，在奥治村及其周边还有禹王庙、戏台等许多与大禹治水有关的遗存。县北社村始建于元代的大禹庙，2013 年 5 月被国务院公布为第七批国家重点文物保护单位。而与大禹关联最多的奥治村，现在已经成为中国历史文化名村，与虹梯关乡虹霓村、东寺头乡神龙湾村、北社乡西社村等11 个村落一起，先后入选中国传统村落。

和大禹治水治出了美丽景色一样，经过现代人工治理的西沟村，作为迷人风光的代表，于 2019 年入选第一批国家森林乡村。除却令人沉醉的自然美景，村中还坐落着全面展示李顺达、申纪兰带领西沟人艰苦奋斗建设山区的创业历史，反映中国农民走社会主义道路的光辉历程，以及建设社会主义新农村辉煌业绩的西沟展览馆。

展览馆始建于 1968 年，1971 年开馆，2000 年修复并布展。自建成以来，西沟展览馆先后被命名为山西省爱国主义教育基地、全国爱国主义教育示范基地、全国廉政教育基地、全国红色旅游经典景区，已经成为全国著名的红色教育基地之一。

展馆占地 8000 平方米，展览面积 2900 多平方米，展出有多幅珍贵照片和实物。其中有一张照片，是 1953 年 5 月 19 日、穿着一袭旗袍、细眉弯弯、端庄典雅里透着几分羞涩的申纪兰，作为中国妇女代表团成员出席在丹麦首都哥本哈根举行的世界妇女大会时的留影。她的眼睛很亮，她的神情虔诚。这份对党对人民的忠诚，从 1947 年至今，伴随着西沟的腾飞发展，延续了 70 多年，一直如星光一般，闪烁在所有西沟人的眼睛里。

就是这一双双眼睛，印证了从满山荒芜到郁郁葱葱，从沟沟壑壑到绿满山原，从贫瘠如洗到美丽如许的西沟历史、西沟故事；就是这一张张笑脸，凝聚着一幕幕中国社会主义革命、建设和改革开放的巨大变化。

小贴士

治水治山治人间，白云生处有人家。

当你来到美丽、丰润、郁郁葱葱的平顺，站在与往常似乎不一样的、特别的西沟村，仰望着新中国农业战线的旗帜，一定别忘了，这里，除了看不尽的风景，还有尝不完的美食。

尝尝这里的特产手工豆腐；

尝尝这里的上党驴肉；

尝尝这里的新鲜蔬果；

……

面对这漫山遍野的苍翠青葱，看看天上的云卷云舒，吹着夏天凉爽的风，就着驴肉火锅，大口吃着脆爽的西瓜……

你会觉得更加满足，会明白幸福的旅行，不仅仅是行走在蕴含着精神与文化的风景中，更是相伴于拂面的轻风与绝妙的美食里。

关键词：

在黄崖洞革命纪念地，你可以感受到我国军事科技发展的艰难历程，触摸到满眼“绿色”“古色”和“红色”的美丽风景。

收件人：
爱阅读、爱旅行的你

寄件人：
《山西红色之旅》

007

长治·黎城

黄崖洞革命纪念地

黎城有颇具特色的“古色”和“绿色”风景，还是著名的革命老区，在艰苦卓绝的抗日战争中，一直是八路军总部大后方，是太行抗日根据地的腹地，是抗日试验县、模范县。朱德、彭德怀、刘伯承、邓小平、杨尚昆等老一辈无产阶级革命家在这里长期战斗和生活，晋冀豫边区、中共中央北方局、抗大分校、第129师师部、冀南银行、八路军兵工厂、制药厂、火药厂、总后医院等重要的机构都分布于此。可以说，这里的每一座山、每一条河流处处留存着当年的“红色”遗迹。而其中影响较大、传播较广的红色遗址，当属包含了黄崖洞、兵工厂遗址群、瓮圪廊、崔振芳公园等景点的黄崖洞革命纪念地。

“啪”“轰”“啊”……

伴随着一颗颗麻尾弹落地的声响和一声声日军响彻山谷的惨叫，投弹所后的崔振芳不由得露出了得意的笑容。

这一年是1941年，崔振芳刚刚17岁。他是山西洪洞人，从小家境贫寒，1937年，年仅13岁的崔振芳就参加了八路军，14岁时被调到总部特务团司号班学习司号通讯技术，16岁加入了中国共产党，入党后，表现优秀的崔振芳很快来到驻扎在黄崖洞的7连当司号员。

在中国抗战史上，长治黎城县黄崖洞是一个非常重要的地方，“黄崖洞保卫战英雄团”更是赫赫有名。2019年，在庆祝中华人民共和国成立70周年大会上，战旗方队100面荣誉旗帜整齐列阵，气势如虹地通过了天安门广场，“黄崖洞保卫战英雄团”即位列百面战旗之首，可见其在历史上地位的特殊性。

黄崖洞之所以能够威名远扬影响至今，和诞生在这里的黄崖洞兵工厂有关。

1938年10月，八路军总部根据中共六届六中全会决定发展太行山区军事工业的精神，决定建立自己的军火工厂，115师和129师两个修械所很快合并成了一个简单的兵工厂，厂址设在榆社县韩家庄，由于经常遭到敌人的“扫荡”，技术员们受尽了“背起工厂打游击”之苦。1939年，左权将军在走遍太行山周遭之后，选择了黄崖洞水窑山作为新的兵工厂所在地，并于当年6月开工建设。1939年底，八路军总部修缮所全部搬迁完毕，当时有厂房12栋，规模最大的是5000平方米的钳工房，还有2000平方米房子的机工房，各种机械设备40多台，其中三节锅炉1台，25马力蒸汽机1台，10千瓦直流发电机1台，车钻以及切削机床20多台，共有技术人员1470人，主要生产五五步枪、八一马步枪、掷弹筒、50炮等等武器弹药，年产物资可装备16个团，是华北抗日根据地规模最大的兵工基地。

兵工厂生产的武器，一部分放在厂里，一部分就储藏在黄崖洞中。黄崖洞是一个半悬在黄崖峭壁上的天然石洞，外高25米，宽18米，深72米，口小里大，天然就是一个不易发现的巨大储藏室。相传曾有一条黄龙住在这里替天行雨，久而久之，黄龙吐出的黄烟把山洞周围的悬崖都熏黄了，因此黄崖洞也称为黄龙洞、黄烟洞。艰苦的岁月中，人们只能从东面陡立的羊肠曲径攀缓而上，然后在洞口一棵巨大的核桃树上系上绳索，将物资弹药进行上下调运。如今的黄崖洞内还留存有八路军战士们搬运弹药的雕塑，看着他们依然在忙碌的身影，仿佛就能立即回到那烽火连天的岁月。

由于黄崖洞兵工厂的重要地位，八路军总部特意调遣延安总部特务团前来黎城负责黄崖洞的保卫工作，并于1940年开始修建防御工事，至1941年全部完工。当年左权将军居住办公的小石屋也在黄崖洞之下，石屋依山而建，逼仄狭小，黑暗潮湿，需要猫着腰才能进入，就这还是山上最好的房子。后来的广州军区副司令员、当时还是特务团副团长的欧致富大将结婚时，左权将军还把这处简陋的房子让了出来，让他当作新房。这些遗迹和故事，都让人深深体会到八路军当年的艰辛和不易。

黄崖洞兵工厂的逐渐壮大，让得知消息的日本侵略者大为惊恐。从 1940 年 10 月开始，他们先后多次派兵偷袭、强攻、围攻兵工厂，都被我守卫部队和工人自卫队凭借天险，英勇阻击，拒日军于防区之外。在经历了多次失败后，1941 年 11 月 6 日，驻黎城的日军 36 师团葛目直幸大佐以 222 联队为主力，先后发动了井关 36 师团和元山第四混成旅等 9 个联大队 5000 余人，陆空联合，从长治、潞城、黎城方向和武乡、辽县方向合并攻打黄崖洞。

11 月 9 日，日军开始在赤峪阵地前部署兵力。11 月 11 日拂晓，敌人先是用数十门重炮、山炮、迫击炮轰炸阵地前沿的 7 连、8 连，紧跟着又赶着抢来的 100 多只山羊准备突破雷区，在遭到我军滚石和机枪的联合夹击失败后，又组织发起强攻，结果受到特务团前哨分队和主阵地的抗击，被迫阻滞于特务团的火网地带和雷区。

惨遭失败后，日军悄悄地对 7 连阵地前沿和纵深进行毒气袭击，就在战地最前沿守卫的崔振芳第一个发现敌人施放毒气，便立即报告了连长。还没等连长下命令，这个着急的小战士就拿起号，“嘟！嘟！嘟！”吹了起来。战士们听到崔振芳发出的防毒信号，立即用准备好的毛巾、洗脸布、口罩浸水后捂到鼻子上进行防护，由于措施及时得当，只有很少数的人中了毒。当总部首长了解到敌人施行毒气袭击后，立即指示特务团炮兵排，用仅有的 13 发迫击炮弹轰击日军槐树坪的炮兵阵地和进攻出发地，给了敌人应有的惩罚。

被打得狼狈不堪的敌人随后调整作战计划，在下午 3 时许再次分左、中、右三路发起猛攻，企图避开 7 连正面火力射击，从右翼突破，一举夺取南口，直取断桥阵地。这一次，他们把攻击矛头直接对准了崔振芳守卫的断桥之上的投弹所方向。当年八路军进驻黄崖洞后，就把原先连接处的桥梁毁掉了，这里遂成了一处断桥，要进入后山，必须通过我军放下来的吊桥，且一次只容一人通过。因为地势所限，敌人的大炮钢枪等等辎重根本进不来。连长于是指示崔振芳、王世华两个机智灵活、战斗勇敢的小兵，守着断桥口，专门朝企图爬上山的敌人投掷手榴弹。

崔振芳和王世华搬着麻尾弹躲进了断桥后的防御工事内，开始朝敌人投掷，可很快王世华就被敌机枪打中了手，崔振芳火速给予救护，随后一人独守着掩体，把一个个麻尾手榴弹揭开盖子，拉出拉火线，等敌人接近时立即两手开弓，像扔石头一样甩到敌群中，炸得敌人鬼哭狼嚎，根本通不过这段天险。一夫当关万夫莫开，凭着一己之力，崔振芳一共抛出一百多颗手榴弹，成功地阻击住了敌人，消灭了几十名日军。然而，敌人最终将枪炮对准了他，这个奋不顾身的小英雄，被日军炮弹崩起的石块击中喉咙，英勇牺牲，献出了年轻的生命，用自己的鲜血，染红了鲜艳的旗帜。

如今的断桥天险虽然已经依山建成了狭窄的楼梯供游人通过，但地势依然极为险要，行来只觉胆战心惊。这里矗立着一块巍峨的石碑，记载着小英雄崔振芳短暂而灿烂的一生，他的故事，伴随着人们的口口相传，依然在太行山的青山绿水之间流转，而当年陪伴着他的号角，已经被永远地收藏在了八路军太行纪念馆内。

崔振芳牺牲后，7连遵照“积极沉着、不急不躁、不惶不恐、积极防御”的作战原则，打垮了敌人10余次进攻，歼敌300余人。敌人在连续进攻4天之后，已伤亡过千，换班5次，才突破了区区几百米，恼羞成怒之下，11月15日，日军再一次兵分两路向我阵地突击，断桥前的战士们硬是守着桥头，打退了敌人10余次冲锋。16日，日军在强大火力的支援下，再次发起攻击，此时，鉴于兵工程职工和大部分器械已安全转移，守卫分队在埋下地雷后撤出了战斗，到17日拂晓，日军虽然进入了厂区，但遭到我军埋伏的地雷大规模杀伤，剩余日军无心再战，慌忙逃往黎城，连续苦战8天8夜的黄崖洞保卫战遂告结束。

这场黄崖洞保卫战，我军以千余人的兵力，抗击了号称“钢铁大队”的日军5000余人的猛烈进攻，歼灭日军千余人，赢得了敌我双方伤亡比例为6：1的辉煌战果，取得了最终的胜利。随后，中央军委在《战役综合研究》一书中，评价黄崖洞保卫战为“一九四一年以来反‘扫荡’的一次最成功的模范战斗”，八路军总部也授予了负责保卫兵工厂的特务团“黄崖洞保卫战英雄团”光荣称号。

1945 年 4 月，特务团被正式命名为“朱德警卫团”，先后参加了解放战争和抗美援朝。现在，这支队伍是 71 集团军某化工旅，又成为多样化军事任务的保障劲旅。而为抗日战争及中国革命的胜利取得不可磨灭的卓越贡献、为中国军事科技发展奠定了极其坚定基础的黄崖洞兵工厂，在黄崖洞保卫战胜利后，因为厂址暴露，军工部将黄崖洞兵工一所化整为零，设三个分厂。一分厂迁往辽县苏公村（代号河北），二分厂留居黄崖洞水窑山（代号黄山），三分厂迁往黄崖洞漆树村（代号石灰窑），至 1945 年底发展成 14 个兵工厂，构成了我国军事工业的雏形。

寻红色印记

如今黄崖洞革命纪念地所在的黎城黄崖洞风景区，是正在开发的国家级红色景区，主要遗迹有镇倭塔、血花亭、吊桥天险、黄崖洞保卫战烈士墓、纪念碑、兵工厂遗址等等。进入景区，坐着电动小火车一路蜿蜒去往山脚，满目所及都是鬼斧神工的奇山峻岭，如神灵在人间留下一只只巨手，令人叹为观止。山前空阔地带背后，就是呈 S 形、长 1.5 千米、宽仅丈许、当地人称“瓮圪廊”的东面进山唯一通道。这里也是黄崖洞的主要景致之一，两峰合围、峭壁千仞，两山之间仅有一条看起来根本无法通过的细缝，可是沿木制楼梯旋转而上，却在峰回路转绕过之后，突然就能看到一汪碧泉、一丛花树。走过这片清泉，就是崔振芳牺牲的断桥天险。天险之后，又是一片开阔的地带，周围群山环绕，绿树林立，奇石嶙峋鲜花盛开，恍惚间会以为到了江南水乡。到了这里，再沿着层层石阶蜿蜒而上，走到后山，就能看到著名的黄崖洞兵工厂和黄崖洞了。

除了这鼎鼎大名的黄崖洞革命纪念地，革命老区黎城在艰苦卓绝的抗日战争中，一直是八路军总部大后方，是太行抗日根据地的腹地，是抗日试验县、模范县，朱德、彭德怀、刘伯承、邓小平、杨尚昆等老一辈无产阶级革命家在这里长期战斗和生活，晋冀豫边区、中共中央北方局、抗大分校、129师师部、冀南银行、八路军兵工厂、被服厂、制药厂、火药厂、总后医院等重要的机构都分布于此。可以说，这里的每一座山、每一条河流都处处留存着当年的“红色”遗迹。

黎城的“绿色”和“古色”风景，同样值得一夸：黎城地处晋冀豫三省交界处，太行山环抱而立，浊漳河一水护城，是八百里太行山雄奇风光最为独特的一段，素有“太行画廊”之称。春天山花绚烂，夏季绿满山原，秋来霜染红叶，隆冬白雪皑皑，四季都有不同的美丽风景。现在人民大会堂“山西厅”里的核桃木刻“太行日出”原景，就取材于黎城板山。其他诸如“太行雄姿”“太行秋色”“太行云海”“太行雪景”等等脍炙人口的景色，也都可以在黎城看到。

黎城曾是古黎国的都城，早在新石器时代就有人类活动，传说在部落联盟时期，归顺蚩尤的九黎部落之一居住于此，蚩尤与黄帝涿鹿大战失败后，九黎中的一部分黎族继续留了下来，后来尧帝也在这里出生，做出了一番轰轰烈烈的事业。随后，商朝黎国、周朝灭商后重新设立的黎侯国也相继分封在这里，在远古文明的光芒照耀下，黎城的每一片土地都闪烁着美丽的光泽，而今流传的“天下黎姓出黎城”的说法，正是黎城悠悠5000年历史的最好注解。

小贴士

如今来到黎城，依然可以品尝到当年八路军在这里栽种的、已普及到家家户户、充满红色记忆的西红柿和金皇后玉米。当然，黎城早已不只拥有这些食品，黎城特色头脑汤、和子饭等等，都是色香味俱全的美味佳肴。还有国家级非物质文化遗产黎侯虎，个个昂首挺立、威风凛凛，更是享誉中外的馈赠佳品。商周时期，黎城以虎为图腾，虎形器多用于祭祀、军事及日常生活，经过3000多年的历史，黎侯虎演变成了今天威风中带着天真的模样，又在近年发扬光大，成为黎城文化产业的代表项目之一。而在原古黎国旧址上修建、投资30多亿元、目标要打造成“三晋文化荟萃之地”“山西文化旅游第一城”的黎城古城，更是兼具饮食、旅游、购物、娱乐等各项功能，正和红色的黄崖洞、绿色的洗耳河等等景区一起，在黎城的山水之间绽放异彩，等候着，每一个前来缅怀和追思的游人。

关键词：

在八路军太行纪念馆，你可以感受到八路军昂扬、乐观、英勇抗战的精神风貌，以及和当地居民浓浓的鱼水情谊。

收件人：

爱阅读、爱旅行的你

寄件人：

《山西红色之旅》

008

长治·武乡

八路军太行纪念馆

抗日战争时期，从1939年到1941年，八路军总部在武乡驻扎了三年，成为华北抗日游击战争和政治斗争的一个中心。现在的武乡，到处都是八路军留下的红色遗迹，尤其是总部所在地砖壁村和王家峪村，八路军的故事更是妇孺皆知。

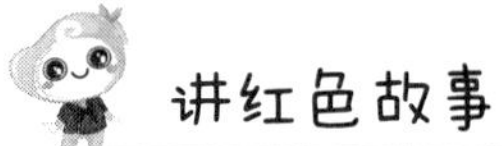

武乡县位于山西省东南部、太行山西麓，横跨太行、太岳两山，与左权县、襄垣县、沁县、平遥县、祁县、榆社县毗邻，因境内有武山和乡水而得名，早在新石器时代就有人类居住，距今已有7800多年的历史。抗战时期，因其进可西抵晋中东逼河北、退可以大山为屏障的特殊地理环境，1937年，武乡县被东渡黄河赴华北抗战的八路军开辟为太行抗日根据地，成为华北抗日游击战争和政治斗争的一个中心。八路军总司令部、中共中央北方局等机关在这里长期驻扎，朱德、彭德怀、左权、刘伯承、邓小平等老一辈领导人就是在这里组织指挥了整个华北地区的抗战，武乡也因此成为与井冈山、延安、西柏坡齐名的革命圣地，被称为“八路军的故乡，子弟兵的摇篮”。

1938年4月，八路军总部渡过黄河，首先进驻的是武乡县东部山区蟠龙镇砖壁村。砖壁村三面临崖，一面靠山，只有一条小路通往外界。这种易守难攻的独特地形，是它被选定为八路军总部的主要原因。砖壁村八路军总部旧址位于村东北一组由玉皇庙、佛爷庙、奶奶庙、李家祠堂组合的建筑群中，朱德就住在离村中玉皇庙不远的新楼院。他虽然是八路军总指挥、功勋卓著的名将，却没有一点架子，平易近人。新楼院外有一盘石碾，村里人常在那儿碾谷，朱德出来散步，只要碰上就一定会上前帮忙推磨，尤其碰上孤寡老人，一定要把所有的谷子都碾完才离开，后来这盘石碾就被称为“连心碾”。砖壁村的儿童团也是在朱德的关怀下成立的，小团长还是朱德有一次偶然间发现这个孩子在玩耍爬坡时跑得飞快就记在了心上，之后在成立儿童团的时候亲自选定的。这可能是率领过千军万马的朱老总任命过的最小“干部”。几十年后，当年那位叫肖江河的团长已经成了耄耋老人，可那次任命仍然是他一生中最难忘的经历。

彭德怀住在李家祠堂，祠堂东边院是个开放式小花园，边上有一眼旱井，是邓小平同志带领战士、村民亲自打出来的，体现着当年浓浓的军民鱼水情，这眼井后来就被称为“军民井”。祠堂左手边西墙根有一株彭老总亲手栽种的榆树。榆树是打井时候刨出来的，彭老总舍不得丢弃，就种了下去，几十年过去，如今，这棵榆树粗壮挺拔，枝繁叶茂，被人称为“将军榆”“彭总榆”。

左权将军住在奶奶庙，现在屋内墙上还挂着他们夫妻、女儿一家三口唯一的全家福。当年左权夫人刘志兰生下左太北后，奶水不足，左太北饿得直哭，村里两个妇女就每天帮着喂奶。左权妻女回延安时，村里一位能工巧匠还为小太北制作了一个能睡觉的小木箱，让刘志兰随身带着。当年八路军的将领、战士们和村民良好的关系，由此可见一斑。

砖壁村优良的地理形势保证了总部机关的安全，但村内缺水，机关人员又比较多，慢慢地，八路军将领们觉得太影响群众生活，就在 1939 年 11 月 11 日，将总部从砖壁迁驻到了王家峪村。王家峪村距离砖壁村十来千米，是武乡县的丘陵山区，山环水绕，峡谷幽深。王家峪八路军总部旧址主体建筑由东、中、西3个农家院落、14孔窑洞、15间土瓦房组成，村内处处有红色历史遗迹，如战士们进行体育活动的篮球场、朱德耕种的菜园、干部战士修建的水井等等。无论是砖壁村还是王家峪村，只要你到了这里，就能感受到当地百姓的八路军情结，听到轰轰烈烈的八路军故事，看到无处不在的八路军痕迹。

在王家峪村，面对大雪纷飞的太行山，面对因为日军的蚕食和“扫荡”不得不穿着单衣、吃着野菜、在冰天雪地中继续战斗的将士们，朱德写下了壮怀激烈的《寄语蜀中父老》：“伫马太行侧，十月雪飞白。战士仍衣单，夜夜杀倭贼。”写出了八路军战士在困境中仍然昂扬乐观、英勇抗战的精神风貌。面对物资匮乏的状况，太行根据地很快发动了党政军民总动员，开垦荒地兴修水利，掀起了大规模的生产高潮。仅仅一年，第129师就种地10万亩，其中还有荒地8万多亩，在漳河两岸开出1万多亩滩地，修筑了20多里（1里=500米）长的漳北大渠和漳南大渠，兴建了大量纺织厂、被服厂，实现了日用品的自给自足。

这当中最富传奇色彩的当属一棵“红星杨”的故事。1940年清明节前后，朱德带领干部战士开展植树造林运动，仅在王家峪一带就植树两万余株。当时，朱德已经接到命令要去洛阳开会后再到延安工作，很有可能从此就不再来王家峪了，于是他亲手在王家峪的寨湾栽下一棵白杨树，并将一颗红五星埋在了树根旁，想在王家峪、在太行山留下一个永恒的纪念。没想到，几年过去，人们在这棵长得高大粗壮的白杨树上发现了一个神奇的现象，这棵树的树枝横断面竟然长出了一颗红色的五星图案。老百姓说，这是朱老总把自己的心留在了太行，于是，人们亲切地称这棵白杨树为“红星杨”。

1940 年 6 月的一天，听闻八路军高级指挥员可能都在王家峪一个大院中居住，日军出动 300 多人，于傍晚从襄垣出发前来偷袭。得知情况的八路军总部连夜向砖壁村转移，并决定由左权直接指挥总部驻地唯一的一个警卫连组织警戒，掩护总部撤退。后半夜，左权带着警卫连先行占据了北上合一带有利地形，第二天凌晨，日军包围了王家峪，结果扑了个空，随后，日军分成几股在附近搜寻，中午时，日军发现了左权的警戒人员，双方立刻开枪对峙。面对数倍于我的敌人，左权想出一个办法，他派了几个司号员走到附近高地，吹响军号，在枪声中，冲锋号、集合号此伏彼起，接连不断。日军一下就慌了神，不知道八路军到底有多少人，既不敢攻击，更不敢久留，只是在又打了一阵枪后，慌忙退回到了襄垣，左权将军唱的这一出“空城计”，也成为当时有名的战斗案例。

八路军总部回到砖壁村后，1940 年 7 月，彭德怀、左权等领导人为打破这种日军不断紧逼“扫荡”的态势，决定发起一场以破袭和反“扫荡”为主的战役，这便是历史上赫赫有名的百团大战，而发动乃至于部署和指挥作战的命令，就是从砖壁八路军总部发出的。百团大战打响后，在八路军连续大规模破袭和攻击下，日军损失惨重，恼羞成怒，从 10 月初起，对我各抗日根据地的“扫荡”越来越频繁和残酷。彭德怀离开砖壁八路军总部到各处巡视时，看到因日军的“焦土政策”而变成废墟的一个个村庄，心中难过，决心打一两个大的歼灭战，制止敌人的野心。

10 月下旬，日军冈崎大队约 500 人的队伍，误打误撞深入我根据地腹地，先是进犯了黎城的黄崖洞兵工厂，被打退后撤退到武乡县蟠龙镇关家垴附近。这儿离砖壁只有 13 里路，直接威胁到了总部的安全。彭德怀命令刚打完榆辽战役的 129 师，必须消灭这股日军，决不能让他们退回老巢！关家垴战斗进行得非常惨烈，八路军虽然有数千人围攻冈崎大队，然而我军既没有重武器，也没有地形优势，还缺少攻坚战的经验。而冈崎大队凭借修筑的工事以及飞机的轰炸，居高临下，给八路军造成了很大的伤亡。但是，无论前线指挥官怎么建议，彭德怀还是坚持不计伤亡也要把冈崎大队消灭在关家垴。战斗进行了两昼夜，冈崎大队被基本歼灭，虽然我军也付出了相当大的代价，但后来证明，牺牲是值得的，日军再也不敢派一个大队就大摇大摆在根据地出没，小股部队更是不敢轻易出动，极大地保证了根据地群众的生命、财产不再受到损害。

1940 年底，八路军总部告别了驻扎三年之久的武乡县，移驻左权县，这谱写下诸多激荡人心故事的三年，从此就成为武乡历史上最光辉的一页。

武乡不仅完好地保存了砖壁和王家峪的总部旧址，还修建了著

名的红色教育基地——八路军太行纪念馆、八路军文化园、太行干部学院。八路军太行纪念馆位于武乡县城太行街 363 号，是一座全面反映八路军八年抗战历史的大型革命纪念馆，它前身为 1970 年修建的“武乡革命纪念馆”，1977 年，当地政府决定恢复和扩建纪念馆，1979 年邓小平同志敲定并亲笔题写了“八路军太行纪念馆”馆名。经过近十年的建设，1988 年 9 月纪念馆正式开馆，现为全国爱国主义教育示范基地、国家一级博物馆、全国廉政教育基地、国家国防教育示范基地、全国中小学爱国主义教育基地、国家 AAAA 景区和全国著名的红色旅游景点景区，同时也是挖掘弘扬伟大太行精神的重要文化阵地。

纪念馆馆区分为主展区和游览区两大部分，主展区有八路军抗战史陈列馆、八路军将领馆、徐向前元帅纪念厅，浏览区有八路军将领组雕、八路军抗战纪念碑、八路雄风碑林公园等。2005 年 8 月，纪念馆主题展览《八路军抗战史陈列》正式竣工并对外开放，并在之后多次进行了改造提升，至今已吸引了数百万的参观者。抗战史陈列用图片、图表、文物、油画作品、木刻版画，并辅以仿实景观、雕塑、多媒体演示等设施，综合运用声、光、影技术，配以幻影成像、立体景观、触摸屏等辅助手段，全面展示了八路军同日本侵略者进行斗争的历史。走进这个展览，那段血与火的抗争岁月，就立刻栩栩如生地浮现在了眼前。

纪念馆广场两侧的八路军将领馆中介绍了 958 位抗战时期正旅级以上八路军将领的光辉形象和生平事迹，同时还展示了八路军中 1955 年至1965 年被授予少将以上军衔的将领名录 1337 人、抗战期间牺牲的八路军团级以上干部名录727人。资料翔实，故事生动，漫步在馆中，可以详尽了解到共产党领导下的八路军，为民族独立和人民解放建立的不朽功绩。

八路军太行纪念馆右侧是八路军文化园。从2009年3月开始修建，2011年8月建成，是当时全国唯一用体验式的高科技手段再现八路军抗战史实的大型主题公园。文化园以抗日战争和民族革命战争为背景，用珍贵的革命文物和大量仿制生活用品，生动地反映了抗日战争时期八路军和太行人民在太行山上浴血奋战、艰苦创业的光辉历程，许多人在纪念馆了解了八路军抗战的史实后心潮澎湃，而文化园提供的体验式服务恰好给了游客亲身体验抗战历程的机会。尤其是影视蒙太奇体验剧《太行游击队》，演员会邀请游客参与互动，以游客现场参与表演为亮点增加喜剧幽默的娱乐元素，同时融入影视拍摄和后期制作的“蒙太奇”手段，让演员和参与表演的游客通过舞台现场进入屏幕，参与到硝烟弥漫的战争岁月。在屏幕里发生着大场面战斗，之后所有人物再从屏幕返回到舞台现场，让游客在虚实结合的表演中感受战争的残酷、抗战的不易。

文化园前广场上，是“胜利的大巡游”，游客可换装亲自参与其中，与孩童跳跃欢呼，与男女老少奔走相告，共同庆祝抗日战争的伟大胜利，真实再现军民热烈庆祝反法西斯抗战胜利的热闹欢快的盛大场景。

在武乡县城东的太行龙湖八路军剧场，还上演着我国北方第一部以革命历史题材为内容的大型实景演艺《太行山上》。《太行山上》在原有的实景剧《太行山》基础上升级完成，于2021年7月1日正式开演，再现了刀光剑影与鱼水情深并存的八路军文化，演出场馆内设国内最大的金属高清投影幕、最大的室外升降观众席。无论是舞台规模、舞美创意还是故事编排，都属国内一流。

2019 年 3 月，武乡被列为第一批革命文物保护利用片区分县名单，成为全国红色旅游重点县，每年都能迎来以百万计的游客和前来学习的学员。虽然这里曾经只有“小米加步枪”，条件非常艰苦，然而，有了党的正确领导，有了根据地人民大众的支持，有了浓浓的军民鱼水情，舍生忘死、浴血奋战的八路军，最终一步步在根据地驱逐各种敌对势力，一步步走出了太行山，一步步建立了彻底属于人民的新中国！

小贴士

在武乡，除了数不尽的红色景观，还有数不尽的自然人文景观，特别是地方小吃，更是别有一番风味。武乡的美食有把面和好后擀成饼、切成手指大小、用铁镐炒制的武乡炒指；著名的和子饭、干面饼子、擦面以及用大枣和黍米制作的香甜绵软的枣糕等，枣糕起源于东汉时期，营养丰富，耐饥管饱，还便于存放携带，所以很早时候就被充作军粮。后赵石勒皇帝在武乡起兵的时候，就曾把枣糕作为军中必备食品，八路军战士们曾在打了胜仗后分食枣糕，在这当地的特产上，留下了一段段动人的故事。

山西红色之旅
晋城

关键词：

在锡崖沟村，你可以感受到锡崖沟人新时期愚公移山的大无畏精神。

收件人：

爱阅读、爱旅行的你

寄件人：

《山西红色之旅》

009

晋城·陵川

锡崖沟村

晋城市陵川县太行山王莽岭的千丈绝壁上，有一条紧贴着万丈悬崖在山间穿梭而过的挂壁公路。这是位于王莽岭上的锡崖沟村村民，在三代党支部书记的带领下，用30年时间修出来的人间奇迹，是人民群众战天斗地、创造幸福生活的见证，是新时期愚公移山精神的传奇再现。

太行山绵延八百余里，纵跨北京、河北、山西、河南，号称“天下之脊”。山西省晋城市陵川县，就在南太行最高处，占尽了太行风光。古往今来，这里流传着太行山上最有名的神话：愚公苦于山的北面交通堵塞，出来进去都要绕路，于是带领子孙移去了太行、王屋两座山。

锡崖沟挂壁公路的开凿，堪称新时期的愚公移山。挂壁公路是各种公路中最有特色的一种公路，在山中峭壁上开凿而出，相隔十余米旁会开一侧窗，透露出些许光亮。2009 年，新中国成立 60 年，锡崖沟挂壁公路和天安门、鸟巢等一起被评为新中国 60 大地标——为什么这条只有 7.5 千米长的乡村公路有这样重要的地位，因为它背后蕴藏着一段用鲜血写就的故事。

锡崖沟位于陵川县东南、王莽岭景区南端、四周落差 1000 多米的深谷之中，山陡沟深，峭壁环列，沟中人家千百年来过着与世隔绝的日子。《陵川县志》中描述，“东有马东岭之屏障，西有桦山之阻隔，北有王莽岭之险峰，南有青峰巍之对峙。四山夹隙之地称曰锡崖沟，因地势险恶，绝路，沟人多自给自足，自生自灭，偶有壮侠之士舍命出入”。

这样“自生自灭”的生活实际上绝对不是“自给自足”。曾经，有个村民为了让沟里人过个明晃晃的年，用党参换了 30 斤煤油往回背，一个没站稳，连人带油掉进了几十丈的深渊；曾经，有村民患了疾病，沟里人怎么都抬不出山去，活活疼死在路上；曾经，满山的名贵中药材，因为运不出去只能被当柴烧，而村里人过的还是缺盐少油的苦日子……

如果不修一条路，锡崖沟人将永远活在大山构成的牢笼里；如果不修一条路，锡崖沟人将永远与世隔绝，永远无法和文明接轨；如果不修一条路，锡崖沟人将永世成为现代社会的旁观者。

1962 年，陵川县委书记邢德勇去锡崖沟下乡，骑着马在陡峭的王莽岭顶盘旋了半日，想下去，可连个落脚的地方都找不见，回去后，这位县委书记从不富裕的县财政中抽出 3000 块钱，用牛皮纸包着给锡崖沟人吊了下去。牛皮纸上别的什么都没有写，就只有两个大大的字：“修路。”

当时锡崖沟的村党支部书记叫董怀跃，他把全村人集合到麦场上，号召大家：“共产党念着咱咧，用新崭崭的票子给咱铺路，咱说下啥也得给外面接上趟。”全村人激动万分，纷纷拿出自家的米面来，心甘情愿支援修路大业。

然而，在都是石头的悬崖之上修路，谈何容易！

从 1962 年开始，花了五年时间，村里的修路队仅仅开出了一条只能放下半只脚的羊肠小道，勉强上了山顶。可是就在这一年，村里人赶着 27 只猪上了小路，想去县城交给食品公司收购，没走了一里路，所有的猪都掉下了悬崖。锡崖沟人从此明白，只有修出一条能通汽车的大路，才能真正实现他们走出大山的梦想！

1976 年，不服输的锡崖沟人再一次向大山宣战，他们想利用王莽岭西侧疏松的岩石结构撬开一条“官道”，然而，只开了一里多，又碰上了比房子还大、比钢钎还硬的石头，一分一毫都前进不得。1979 年，村党支部又做出决定，从王莽岭下面穿个洞出去，村中 100 多名青年举着鸡血酒发誓：“洞不通，人不回！”董怀跃向五名党员说，如果碰上危险，“要死先死咱”，带着队伍直逼王莽岭。然而，六年之后，山洞只掘进了 105 米，如果按这个进度，粗略算一下，全部打通需要 80 年。

难道老天真的就不给锡崖沟人一丝希望吗？锡崖沟人不相信，陵川县委不相信！1982 年，新的锡崖沟党支部在前人的基础上，再一次扛起了修路的旗帜，他们响亮地提出了“愚公移山，汽车进山”的口号，并吸取了前辈的经验教训，决定沿王莽岭边沿，依形就势，穿岩辟洞，修出一条“之”字形伸进的挂壁公路。

这个想法非常大胆，大胆到这是人类修路史上前所未见的形式；面对的困难非常艰巨，艰巨到这是锡崖沟人从没遇到过的状况。开凿两年后，公路已经盘旋到半山腰，大家突然发现，大面积的巨石区又挡住了道。再也不能向大山妥协下去了！这条路是最后的机会！锡崖沟村成立了“敢死队”，高喊着“不见阎王不撒手，见了阎王抬起头”的口号，带着热血、带着悲壮，派出了十位壮士，组织起来用棒钉和粗绳挂在半空中作业。寒来暑往，他们在空中被吊了整整五年，钻通了四个洞道，凿开了三千米石路。有两人被铁锤砸断手指，有四人被石头砸断了臂膀，每个人都落了遍身的伤痕。

巨石区打通之后，工程到了地形最为险要的老虎嘴，也是修路最紧要的关卡。新支书宋志龙带着全村人的期望，满怀豪情，领着村里又一茬年轻人背着锅碗、卷起铺盖上了山，为了不影响工期，他们索性住在山洞里，当了整整450天现代“山顶洞人”。《人民日报》在后来刊发的通讯里，如此描述：

“口渴了，抓一把积雪，润润嘴唇；胃空了，啃两口干粮，喂喂肚子；烫热的钢钎烤烂了手心，揭起了皮，狠心撒上一把土，伴着泥的血顺钎一道一道往下流；指甲盖碰掉了，钻心的疼，撕烂衣服缠住继续干……”

一年多的“山顶洞人”生活，让他们的头发长到了脖根；胡子盖住了喉头；脸庞消瘦得一层一层地起皮，可眼前的山洞，就在这群山顶洞人的努力下，一寸一寸地延伸着，终于穿出了1445米的山腰，路通了！可惜的是，这样的热闹场面，有许多应该看到、却终究没能看到的人——那位最先开始领导修路的老支书董怀跃，一直奋战在修路的第一线，然而就在即将完工的一次爆破中，为了排除哑炮他不幸和另一位村民宋双保双双遇难，将最后一滴鲜血献给了奋斗一生的大山。青山处处埋忠骨，何必马革裹尸还，他们的名字，永远地镌刻在了太行山的丰碑上！

1991年6月10日，锡崖沟全村823口人，无论拄着拐杖的，还是躺在独轮车上的都来了，所有人都安静地等待着。远远地，他们听见了卡车的轰鸣，看见了隧道中透出来的车灯灯光。近了，近了，卡车在山崖间穿行，绿色的车身在灰褐色的岩壁中似乎是那么亮眼。

村民激动起来，这是祖祖辈辈都没有见过的景象、没有见过的事物啊！他们不由得挥起毛巾，挥动起手中的铁锹头，欢呼着，向大山发出胜利的呐喊！当卡车越来越近的时候，村民们点燃了早就准备好的鞭炮，炮声“噼里啪啦”地响着，火焰欢快地跳动着，这不是过年，但比过年更热闹，或者说，这就是过年，除旧布新，从此以后，锡崖沟人将过上不一样的好日子！

路通了，锡崖沟人的日子也就不一样了。原来只能烂在地里的红果和黄梨，当年就卖出去两万元；山上沟底随处可见的青石板，山外的建筑工地格外青睐，一车一车往外拉；外省的生意人也闻风而动，来到村里，和村民签订合同，包销原来只能当柴烧的中药材。村里人各自发挥才能，养起了三轮车、大卡车，搞编织、搞养殖，头脑活泛的人甚至想到了开饭店。

根据后来的统计，30 年的修路苦战，锡崖沟人共义务投工 12.3 万人，动用土石 23 万立方米，仅仅凭着手中最简单的钢钎、铁锤等工具，就凿通隧道 1200 米，修通了这条横穿绝壁、全长 7.5 千米的挂壁公路。这条 7.5 千米长的挂壁公路，曲折三层，以“之”字形从山崖直通山顶，路其实也是隧道，隧道外是千丈悬崖，隧道内是成块山岩，上面满是钢钎开凿的痕迹，这不是一条开出来的路，这简直是一条“抠”出来的路。每一道开凿的痕迹，就是一枚勋章；每一道开凿的痕迹，就是一段艰辛岁月留下的印记。只要你站到山下，看到那巍峨陡峭的大山，再看那隐藏在山崖中，像巨蟒一样，沿山蜿蜒而上，将天堑变成了通途的公路，就会发自内心地赞一声：真不愧是了不起的“当代愚公”！

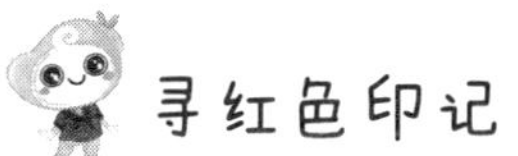

寻红色印记

传说西汉末年，刘秀为了躲避王莽，在位于陵川县古郊乡太行最高处的山峰安营扎寨，他躲避的地方后来就被命名为王莽岭。

今天的王莽岭景区分为四大部分：

除了昆山、锡崖沟挂壁公路、主峰王莽岭外，刘秀城四面绝壁，仅有一条小路通往山巅。

山巅奇峰险峻，山峦重叠，植被丰厚，郁郁葱葱，令人心旷神怡。

因为独特的喀斯特地貌，王莽岭成为如今的国家地质公园，景区总面积150多平方千米，风光秀丽，景色迷人，有“清凉胜境”“避暑天堂”“世外桃源”“太行至尊”种种美誉，云海、日出、远山、奇峰、松涛、绝壁、峡谷、奔腾的瀑布等最富太行特色的自然景观，都能在王莽岭找到绝佳观赏处。

如今的锡崖沟人紧紧跟随着时代的步伐，视野不再被层层大山阻隔，头脑不再被封闭的环境禁锢。

他们发现，曾经与世隔绝的生活，给他们带来了贫穷，也给他们留下了最原汁原味的传统村落模样。

他们的祖辈因形就势，或依山傍水，或临崖跨涧，取自石材盖好的房子，因地制宜错落有致地散布在沟里，石屋、石桥、石径、石桌、石碾粗犷豪放，古意盎然，是城市很少见到的景致。而“天坑型”的地形环境，使得这里的小气候温和湿润，植被茂密，是保健康养的绝好地方。

村里还有飞瀑、小湖、小河以及由北向南曲折伸展、窄处几米、宽处 200 多米的红岩大峡谷，更是难得一见的景观，旅游已经成为锡崖沟新的经济增长点。

2006 年，锡崖沟被评为中国农业旅游示范点、中国精品红色旅游示范点。

2007 年，又被评为中国县域旅游品牌百强景区、国家 AAAA 级旅游景区。

2009 年，成为国家地质公园。

2010 年，锡崖沟成为全国首批命名（山西省第一家）的国家级全民健身户外活动基地；同年 6 月，在全国第三次文物普查中，又入选山西三普十大新发现名录。

近几年，锡崖沟又陆续获得了山西省爱国主义教育基地和德育教育基地、山西省红色旅游线路等荣誉。当你来到这里，穿公路，赏美景，在太行山的山色美景中陶醉，在古朴原始的山村中徜徉，接受这条山间挂壁公路的精神洗礼，一定是红色旅游中一次最特别的体验。

小贴士

陵川的特色食品有石头加热后和新鲜鸡蛋一起炒制的石头炒鸡蛋、香酥可口的传统名吃羊肉火烧、党参炖土鸡等。到了锡崖沟，美食主要有当地的玉米面饸饹、山间的野蘑菇、土鸡、土豆等。玉米面可以和上韭菜段做成焦香可口的小凹馍，也可以和点白面直接压成饸饹，浇上臊子食用。因为质朴原始、后味绵长，锡崖沟的玉米面饸饹还登上了《舌尖上的中国》，成为远近闻名的食物。

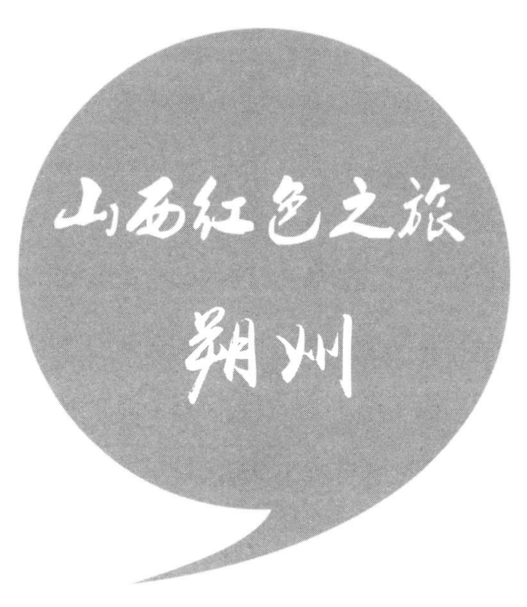
山西红色之旅
朔州

关键词：

在李林烈士陵园，你可以感受到这位驰名中外的女英雄视死如归的反抗精神。

收件人：

爱阅读、爱旅行的你

寄件人：

《山西红色之旅》

010

朔州·平鲁

李林烈士陵园

李林烈士陵园是国家重点文物保护单位，也是山西省爱国主义教育基地，陵园主要分为纪念广场、墓区广场、李林烈士事迹陈列室、平鲁革命斗争史纪念馆等。广场上矗立着高大雄伟的李林纪念碑，上面镌刻着“为国牺牲永垂不朽”的字样，李林英姿飒爽骑马持枪的塑像栩栩如生。在李林烈士事迹陈列室和平鲁革命斗争史纪念馆里，则收藏有三万余字的历史文献和300多幅珍贵历史照片，以及党和国家领导人的题词、李林烈士手稿等珍贵实物。陵园依山傍水，松柏森森，不仅是红色文化圣地，也是一处风景优美的游览胜地。

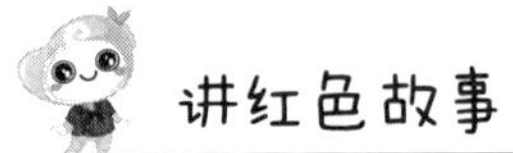

1937年10月初，八路军第120师民运科科长饶兴为防止日军偷袭，将朔县抗日动员会转移到了朔州下支角村的西山抗日根据地，并成立党支部和党小组，掀起了轰轰烈烈的抗日热潮。这个抗日根据地是朔州地区建立最早、坚持到最后的根据地，是屏障陕甘、保卫延安的重要战略支撑点，在全面抗战中取得了一次又一次重大的胜利。

此外，以女英雄李林为代表的共产党人，也在这片土地上抵抗日军、保家卫国，建起了洪涛山抗日根据地。李林是第二次世界大战中唯一的南洋华侨抗日女英雄，1915年出生于福建省龙溪县，3岁时随养母侨居印尼爪哇数十年，当时的爪哇是荷兰的殖民地，爪哇人民深受荷兰统治者的压迫，李林从小就深深了解了没有强大祖国作后盾的痛苦。

14岁这一年，李林高小毕业，当时正值经济危机，爪哇和荷兰资本家在挽回权利的借口下，疯狂排华，李林父亲经营的商业，在这场风暴中遭受了严重打击。

幼小的李林，带着继续求学的心愿，怀着对帝国主义的满腔愤恨，回到了祖国，边在福建厦门集美中学读书，边寻找着自己心中的振兴中华之路。受到校主陈嘉庚先生爱国主义精神的巨大影响，加上目睹了连年战争中祖国满目疮痍的模样，李林开始积极参加抗日救亡运动。在今天集美中学南熏楼东侧，建有一座名为李林园的小花园、一尊李林骑马射击的雕像，加上旁边的李林纪念馆，共同勾勒出集美中学这位英雄校友短暂而伟大的一生。

1931 年，九一八事件爆发，抗日救亡运动立刻如火如荼席卷全国，勇敢的李林放下书本，开始投身抗战之中，先后被选为幼师、女中学生自治会代表、文书股长，带领着同学们进行烧毁日货、宣传抗日等活动。

1935 年 2 月，李林从杭州女中转学到了上海蔡元培先生创办的爱国女中，在这里，她发出了“甘愿征战血染衣，不平倭寇誓不休”的誓言，更加积极地参加到了学生抗日救亡运动中，还光荣地加入了中国共产党。

当年 12 月 9 日，北平爆发了规模空前的抗日救亡运动，在全国各地引起了强烈的反响。

12 月 20 日，李林和其他同学们一起，高喊着“严惩宋哲元”“释放北平被捕同学”“一致抗日”的口号，迈进了上海各校学生抗日游行示威的行列。

12 月下旬，上海又组织了一次大规模的游行示威，两次示威游行过后，在斗争中逐渐成长起来的李林，和许多平津的青年学生一起，来到在绥东抗战的炮声中已经成为国防前线的山西，参加了牺牲救国同盟会，在国民师范军政干部训练委员会受训，并练就了蒙眼装弹、双枪射击的过硬本领。

1937 年 7 月 7 日卢沟桥事变后，李林坚决要求到前线去工作。党组织派她前往雁北地区，就像一只自由翱翔的大雁一样，李林在雁北进行了向群众宣传救亡理念、在村里组织抗日游击队、举办各种干部培训班等各种抗日救国活动。

在日复一日的斗争中，英姿飒爽的李林不仅写出了一笔好文章，更练就了一身好骑术，可以骑在马上双手开枪。她带着自己的队伍，转战雁北各地，宣传和组织工人、农民、学生参加抗日武装，开办训练班，编写军事政治教材并亲自授课，一次又一次地粉碎了敌人的“扫荡”，接连取得了许多重大的胜利。对于这位骁勇善战的女英雄，敌人恨得咬牙切齿，悬赏巨额资金、张贴布告捉拿李林，但积极抗日的雁北人民却对她无限热爱，将她看作巾帼英雄，无数次地帮助她躲开了敌人的攻击。

1939 年冬，阎锡山发动了“十二月事变”，山西出现了反共高潮，中共晋绥边特委决定由李林统一指挥武装力量，对雁北地区的顽固派进行坚决反击。

由于李林组织有力，雁北的抗日斗争形势发生了巨大的变化，1940 年 1 月，李林在参加晋西北军民代表大会时，被选为晋西北行政公署委员，受到贺龙同志的亲自接见，还被誉为“女英雄”。

可是，李林所在的洪涛山抗日根据地处在日军战略地区的腹心地带，严重威胁日军。日军不肯善罢甘休，千方百计地要摧毁这块抗日民主阵地。他们投入的武器和装备越来越好，“扫荡”的次数越来越密集，我方牺牲的人员越来越多，反“扫荡”的对策越来越难以执行。

1940年4月，日军集中了上万兵力，对晋绥边区进行第9次“扫荡”，边区机关干部和群众500多人被包围，李林率一支骑兵小分队奋勇冲杀，掩护大家突围，最终将日军成功引开，我方大队人马向西突围成功，转移到了安全地带。李林自己却骑马中弹，从马身上摔了下来，腿和胸部都负了伤，被敌人围困在了一个山顶上。

李林把文件包藏好，让两名通讯员先走，自己一颗一颗打光了驳壳枪的子弹，杀死了六个敌人，小手枪里也只剩下最后一粒子弹。眼看日军越来越近，李林见突围已不可能，毅然地将这颗子弹射进了自己的喉部，壮烈牺牲，年仅24岁。

她牺牲的消息很快传遍了雁北大地，数千名抗日战士和群众怀着万分悲痛的心情，为李林举行了隆重的追悼大会，中共中央妇委专门发了唁电，称赞她“二十余岁之青年李林，于1937年夏起，即在前方英勇杀敌，不仅是女共产党员的光荣模范，而且是全国同胞所敬爱的女英雄”。

紧接着，延安《新中华报》《中国妇女》杂志、重庆的《新华日报》、中共晋西北党委机关报等全国解放区和大后方的许多报刊，都发表了李林烈士的英雄事迹，沉痛悼念这位英勇的女抗日英烈。

每到过年时，无论身在何处的中国人，都会贴对联、贴福字，寓意着美好的新春、来年的顺利，有些人还会在家门上贴上一对凶神恶煞又喜庆憨厚的门神，想要把一切邪恶都挡在门外。

这对门神并不是前人凭空捏造出来的，他们的原型，是唐代开国大将秦琼和尉迟恭。

尉迟恭是山西朔州平鲁人，为人纯朴忠厚，勇武善战，一生追随李世民，立下了赫赫战功，至今平鲁仍流传着他黑虎下界、追蛇得鞭、拜师打铁、夜擒海马、玄武兵变英勇救主、兵变之后力谏赦免无辜、拒绝太宗赐婚等故事。

另据《隋唐演义》记载：

唐太宗李世民虽然成就了帝业，可他杀人太多，即位后夜间多做噩梦，总是睡不好，李世民召集众将群臣商议，最后决定让秦琼与尉迟恭二人每夜披甲持械在宫门两旁守卫，果然从此可以安眠。时间久了，李世民觉得秦琼、尉迟恭夜夜站岗太过辛劳，便让宫中画师绘制出他们怒目发威、手持鞭锏的戎装像，悬挂于宫门两旁，从此邪祟全消。

后来，尉迟恭就被民间尊为驱鬼避邪、祈福求安的中华门神，被家家户户请进了门。

多少年来，他的精神一直影响着平鲁大地；

从古到今，他的勇猛一直浸润着雁门关隘。

到了宋代，杨家一门忠烈在这里的金沙滩抵抗外侮的故事，更是成为千百年来人人传颂的传奇。

在积贫积弱的近代中国，尉迟恭的家乡下支角村，又成了著名的抗日根据地。

在这片土地上叱咤风云的英雄们，就像新的门神，一次次把危险和邪祟拦在了雁门关外。

1952 年 4 月 26 日，李林牺牲 12 年后，平鲁人民将李林的遗骨迁往井坪烈士陵园。

1964 年 12 月 1 日，平鲁县委、县政府为李林立碑，并修建了李林革命事迹陈列室，成立了平鲁区烈士陵园。

1973 年 9 月，周恩来总理和法国总统蓬皮杜会晤时，将李林等同于蓬皮杜口中的女英雄贞德，还特意叮嘱："要多宣传李林，要为李林写好传记。"

1985 年，山西省平鲁县召开隆重纪念大会，为李林塑立雕像，并把平鲁一中命名为"李林中学"。

1992 年、2003 年，平鲁区烈士陵园先后进行了两次改造，形成了如今占地面积 10960 平方米、建筑面积 2090 平方米、记载着抗日巾帼英雄李林和其他革命先烈光辉事迹的李林烈士陵园。

李林烈士陵园是国家重点文物保护单位，也是全省爱国主义教育基地。陵园坐北朝南，规模宏伟，主要分为纪念广场、墓区广场、李林烈士事迹陈列室、平鲁革命斗争史纪念馆等展区，广场上矗立着高大雄伟的李林纪念碑，上面镌刻着"为国牺牲永垂不朽"的字样，一旁李林英姿飒爽骑马持枪的塑像栩栩如生。

在李林烈士事迹陈列室和平鲁革命斗争史纪念馆里，则收藏有

3 万余字的历史文献和 300 多幅珍贵历史照片，以及党和国家领导人的题词、李林烈士手稿等珍贵实物。陵园依山傍水，松柏森森，不仅是红色文化圣地，也是一处风景优美的游览胜地。

2009 年 9 月 10 日，在中央 11 个部门联合组织的“100 位为新中国成立做出突出贡献的英雄模范人物和 100 位新中国成立以来感动中国人物”评选活动中，李林被评为了“100 位为新中国成立做出突出贡献的英雄模范人物”。

近年来，在修建红色文化景点之外，朔州平鲁区还新建了南山公园，扩建了凤凰城、乌龙洞、北固山、明海湖等一批旅游景点，并全力推进“一园两城五大景区”建设，建设门神文化园、下支角尉迟恭故里旅游区、大梁水库旅游度假区等旅游工程。

2010 年 8 月，平鲁区还被中国民间文艺家协会命名为“中国门神文化之乡”与“中国门神文化研究基地”，每年都要举办尉迟恭文化旅游节。尉迟恭的家乡下支角村，山势回环山峦如黛，除仍然能汲出泉水的 99 眼古井等旧有的美丽风景之外，还新建了旅游公路，按唐代民居设计和修复了尉迟恭故居、配套磨坊、铁匠坊、古院落等建筑，同时修建了朔平西山抗日根据地纪念馆，成为著名的旅游景区、爱国主义教育基地。

如今的朔州大地，有旅游景区 80 多处，除平鲁区外，朔州崇福寺、怀仁金沙滩、应县木塔、右玉生态旅游景区都是著名的景点。这里春天春草萋萋，夏天鲜花盛开，秋天果实累累，冬天白雪满山，已经成了自然景观与人文建筑各具特色、古色古香与现代科技相得益彰、塞外风情与绿洲景观交相辉映的著名观光旅游带。

小贴士

朔州最有名的美食当属精选当地优质豌豆做成的豌豆粥、羊杂割、烫面蒸饺，以及配上豆腐干、熏鸡蛋、老陈醋一起吃的著名的应县凉粉、面皮、用白面和糖做成的小饼、应县牛腰等。每到年前年后，来朔州看看门神，欣赏欣赏山西省非物质文化遗产平鲁踢鼓子秧歌，品尝品尝当地的美食，能体会到生活的幸福与美满，切身感受到在革命烈士的奋斗下，在几代人的努力下，昔日饱承烽火、满目疮痍的战略要地，已经真正变成了黄土风情与绿色生态完美融合的塞上新城。

关键词：

在右玉精神展览馆，你可以感受到“全心全意为人民服务，是迎难而上、艰苦奋斗，是久久为功、利在长远”的右玉精神。

收件人：

爱阅读、爱旅行的你

寄件人：

《山西红色之旅》

011

朔州·右玉

右玉精神展览馆

为有牺牲多壮志，敢教日月换新天。从1949年中华人民共和国成立至今，尽管右玉县委、县政府的领导换了许多任，但他们都在坚持不懈地绘制着同一张蓝图，植树种草、改善生态环境的思路从未动摇，一茬接一茬摸爬滚打在种树第一线的作风从未改变，全县森林绿化率从不到0.3%提高到56%以上，创造了荒漠变绿洲的生态奇迹。2011年3月以来，习近平总书记先后6次对右玉精神做出重要批示，指出右玉精神体现的是“全心全意为人民服务，是迎难而上、艰苦奋斗，是久久为功、利在长远”。

洒满了眼泪和汗水、回荡着鲜血和嘶喊的边塞小城右玉，距内蒙古毛乌素沙漠仅百千米左右，本就位于风口前沿，气候高寒干旱。据《朔平府志》记载，这里“每遇大风，昼晦如夜，人物咫尺不辨，禾苗被拔，房屋多摧，牲畜亦伤”。到了新中国成立之初，这里的生态环境几乎完全遭到破坏，全县仅有残林8000亩，森林覆盖率不到0.3%。“一年一场风，从春刮到冬；白天点油灯，黑夜土堵门；风起黄沙扬，雨落洪成灾；男人走口外，女人挖野菜”就是当时的真实写照。

1949年，右玉首任县委书记张荣怀上任。行走在右玉的荒山秃岭间，他看到的是“十山九秃头”的荒凉，听到的是老百姓“春种一坡，秋收一瓮，除去籽种，够吃一顿”的哀叹。在“沙进人退”的逼迫下，一家一家抛弃自己的家园走西口逃荒的情景深深刺痛了他的心，右玉人民甚至还面临着举县搬迁的生存危机。难道就没有什么可以抵抗风沙吗？上任第二天，张荣怀就带上了水壶，开始在全县进行徒步四个月的考察。终于，在一个长满了树木的偏僻山沟，张荣怀找到了答案。因为有树的庇护，这里的土豆、莜麦等作物的产量，要比其他地方多出好几倍。

从此，植树造林，防风固沙，改善生存环境，既是人民群众生存发展的第一要求，也成了县委、县政府执政为民的第一任务。放眼全国，没有哪个地方如同右玉一样，用半个多世纪的时间将风沙肆虐的荒漠变成了水草丰美的绿洲；没有哪个地方如同右玉一样，历任县委领导班子在长达几十年的时间里都坚守着同一目标，同一方向，一任接着一任干，一张蓝图绘到底。为了植树，县委书记们殚精竭虑，调动起了一切可以用到的力量，发明了很多方法，地图、铁锹和水壶，成了他们必备的三件套，每一任县委书记背后，都有一段感人的种树故事。

1953 年，第二任县委书记王矩坤遇到了一场罕见春荒，国家给右玉下拨了 40 万公斤玉米。王矩坤就和班子成员商量，村民每种一亩树，发给 15 公斤玉米作为劳动报酬，让“救灾粮”变成“植树粮”。在他的号召下，群众一呼百应，家家户户、男女老幼喊着“背锅带灶”的口号，纷纷上山植树。仅仅一个春天，右玉全县就造林三万余亩。这一场战役打下来，右玉造林获得了初步的成功。但是，树木存活率依然不高，尤其是位于马营河和苍头河交汇处的三角地带，原本这就是一条 40 多里长、8 里多宽的大沙梁，也是个大风口，每场大风都是先从黄沙洼呼啸而来，转眼之间就黄沙蔽日天昏地暗，而且黄沙洼每年都会南移，吞噬着许多人的家园。

第四任县委书记马禄元下定决心定要封住黄沙洼，啃下硬骨头！他带着全县人民，根据摸索出来的“挖坑要挖元宝坑，栽树要栽小老杨”的经验，种下了九万多棵树苗。可是没想到，到了秋天，右玉县遭遇了罕见的大黄风，连刮九天九夜，九万多棵树苗绝大多数都成了光杆。马禄元虽然难过，却没有气馁，和第五任县委书记庞汉杰一起，请来科研考察队，一次次徒步勘察，一次次思考研究，最后根据风沙旱情的实际情况，因地制宜制订了一整套科学造林方案。给树木“戴帽”“穿靴”“扎腰带”“贴封条”，最终完成大片造林 14 万亩。庞汉杰本来有严重的胃病，上级要调他到其他富裕的县，他却坚持留在右玉种树，一干就是七年。

他还翻阅历史资料，弄清了右玉县树木难活的症结：原来，右玉城始建于明代洪武年间，这座西北边陲重镇，因为战乱频繁造成频繁重建。地下堆积了三四尺（1 尺约为 0.33 米）厚的瓦砾灰渣，再加上本地干旱少雨，因此难以存活。于是，庞汉杰就在县委大院门前深挖了六个树坑，仔细清理杂质，换上从城西河湾地里运回的熟土，在上面栽了六棵杨树，然后按时浇水，精心养护。第二年，这六棵树全部存活，用实践印证了庞汉杰的理论。

1977 年，第 11 任县委书记常禄发现，植树需要大量车马、人力来驮、挑、拉水、爬坡、上岭，在有些沙地，一担水浇下去，瞬间就不见了踪影。他就尝试着在七八月份的雨季造林，不仅省时省力，还有可能提高成活率，经过试栽一举成功。随后，右玉改为三季植树，植树造林进度大大加快。常禄号召干部队伍，“飞鸽牌”的干部要干“永久牌”的事情，还创造种种条件，把右玉列入了“三北防护林”建设基地，极大地鼓舞了右玉人民，右玉的林业进入了高速发展的阶段。仅 1977 年，就完成大片造林 18.8 万亩，零星植树 97.8 万棵，这是右玉造林史上力度最大、进度最快的一年。由于积劳成疾，59 岁时常禄就不幸去世了，临终时，他没有交代自己的家事，放心不下的只有右玉的未来，唯一留下的一句话是告诉干部们“树是右玉的命根子，要保护好”。

这样的故事还有很多很多。过去的右玉，每个机关单位办公室门后都放着一把铁锹。这么多年来，右玉机关干部义务造林30多万亩，先后营造了文教林、政法林、财贸林、宣传林等十几个造林基地，右玉全县干部群众义务植树累计达两亿多天。如今矗立在右玉南山森林公园的绿化丰碑，就像一个个人字形的大树合抱而成。正是千千万万右玉人的合力，正是一代代人为家园的幸福做出的巨大牺牲，才铸就了这座绿色丰碑，才交出了一份份满意的答卷，才创造了令人惊叹的发展奇迹，才孕育了弥足珍贵的右玉精神。

寻红色印记

“哥哥你走西口，小妹妹我实在难留，手拉着哥哥的手，送你送到了大门口……”这首凄凉的山西民歌《走西口》，唱尽了当年走口外讨生活的三晋儿女的伤痛。歌里的西口，就是位于山西省朔州市右玉县境内、晋蒙两省交界处的杀虎口。杀虎口最早名为参合口，东依塘子山，西傍大堡山，是古长城的一处宽200多米、长3000多米的重要关隘，两山之间开阔的苍头河谷地，自古便是南北交通要道。几千年来，这里战火不断，历代王朝都在此屯兵遣将，设置防守，明朝初年更是因多次从此出兵鞑靼，将之改名为“杀胡口”，到明隆庆五年（1571），蒙汉互市开通，为了缓和矛盾，又名之为“杀虎口”。

明末清初，因为长期战乱，北方生产遭到极大破坏，各地田地荒芜人丁稀少，大批山西、陕西、甘肃和河北等地的流民商人，私自翻越长城，进入内蒙古，开垦土地，运货经商，杀虎口内外慢慢繁荣起来。清兵入主中原后，蒙古地区归入清王朝统治，蒙汉贸易合法化，在这一带行商的部分商人们，事业蒸蒸日上，杀虎口也成为晋商的发源地和主通道。一代一代的晋商靠着勤劳和智慧、诚信和坚持，从这里和张家口走出去，把茶叶、皮毛、盐运、烟酒等生意做到了俄罗斯、朝鲜、日本、印度等国家，他们在所到之处创建了山西会馆、首创了票号，在家乡建起了一座座大院，积累了巨额财富，成为显赫一时的大商帮。但成功的毕竟是极少数人，更多的人，还是像《走西口》歌曲里唱的一样，抛家弃子，从右玉杀虎口踏进了茫茫沙漠，也许一去就从此再也未曾回家。

现在的右玉再也不是从前的模样，从 20 世纪 50 年代张荣怀提出“右玉要想富，就得风沙住。要想风沙住，就得多栽树。要想家家富，每人十棵树”的目标起，全县干部群众就积极开展了爱国造林竞赛活动，拉开了绿化右玉大地的序幕。为有牺牲多壮志，敢教日月换新天。新中国成立 70 多年来，尽管右玉县委、县政府的领导换了许多任，但他们都在坚持不懈地绘制着同一张蓝图，一根筋念着同一本经，始终排除一切干扰，植树种草改善生态环境的思路从未动摇，摸爬滚打在种树第一线的作风从未改变，全县森林覆盖率由不到 0.3%提高到 56%以上，铸就了宝贵的右玉精神。右玉精神体现的是“全心全意为人民服务，是迎难而上、艰苦奋斗，是久久为功、利在长远”。电视剧《右玉和它的县委书记们》、舞台剧《为有牺牲多壮志》等文艺作品都用艺术的笔触、形象的故事、动人的旋律，对右玉精神进行了阐释。

迎着困难上，镢头加窝头，义务加觉悟，干部群众拧成一股绳，三战黄沙洼、堵住老虎坪、治理苍头河，在河梁上种活一棵棵树，垒起一道道屏……右玉已经创造了前所未有的美丽风景和繁华热闹。虽然地下探明煤炭储量达到 34 亿吨，但右玉人却始终坚持让它埋在地下，追寻着绿色生产力。苍头河沿岸生态工程给当地文化旅游提供了绿色基础，杀虎口生态治理工程提升了流域生态品质。全面展示着右玉植树主要成就的右玉南山森林公园以及包括杀虎口长城文化旅游区、贾家窑松涛苑、苍头河生态走廊和中陵湖等景观的右玉县生态旅游示范区，春天漫山山花杨柳摇曳，夏天乔林苍苍翠色浓郁，四季各有不同的风景。而全面展示新中国成立以来右玉干部群众自力更生、艰苦创业、建设美好生态家园的右玉精神展览馆，也在右玉干部学院内建成开放，并于 2019 年，入选全国爱国主义教育示范基地，成为弘扬右玉精神的重要阵地。

小贴士

一缕炊烟，一条小河，一片郁郁葱葱的树林，是童年，是晚年，是身体的芳草地，更是灵魂的栖息地。在右玉，无论是夏天在小溪淙淙、清凉舒爽中吃一口油旋和糖麻叶，还是冬天在白雪皑皑、林海雪原中守着小木屋里热腾腾的炉火，就着酸甜的沙棘汁，吃一锅鲜嫩的羊肉，都是给个神仙也不换的幸福生活。

山西红色之旅
忻州

关键词：

在忻州晋察冀军区司令部旧址等景区，你能感受到革命先烈为伟大中华之崛起而努力奋斗、不惜牺牲的精神。

收件人：

爱阅读、爱旅行的你

寄件人：

《山西红色之旅》

012

忻州·五台

晋察冀军区司令部旧址

1937年11月，在华北同蒲路以东，津浦路以西，正太、石德路以北，张家口、承德以南广大地区，根据党中央和毛泽东主席的指示，以五台山为中心的第一个敌后抗日根据地——晋察冀抗日根据地建立了，成立大会在五台县石咀镇召开。不久，军区司令部在山西省五台县金岗库村驻扎，军区政治部在大甘河驻扎。忻州城，成为晋察冀抗日根据地的中心。

讲红色故事

山西地处黄土高原东部，太行、吕梁、恒山、中条四山环绕周围，地势险要，易守难攻，素有“华北之锁钥”之称，是华北的天然堡垒。山西省忻州市，简称为“忻”，古称为“秀容”。历史上地处胡汉交界处，西面是黄河，东面是太行山，北面是长城，南面是太原盆地，地理位置十分关键，是进入中原地区的必经通道、最后的防线。

平津失陷后，中国军队内长城防线一步步被敌突破，日军逐渐逼近忻州市忻口村。忻口左倚云中河，右托五台山，是太原北部的屏障。守忻口即可保太原，保太原方可定山西、保华北，为了实现迅速夺取华北的战略企图，日军征调重兵五六万人，坦克150辆，大炮25门，在板垣征四郎的率领下，向忻口进犯。为守住这一战略地带，确保山西，威胁平津日军侧背，牵制敌人南下的军队，阎锡山的晋绥军、国民党中央军和八路军联合起来，共同参加了此次会战。

从1937年10月11日日军到达忻州开始至11月2日，忻口会战苦战了21天，成为抗战初期在华北战场上最激烈的战役，也是历时最久、交战双方伤亡最大的一次战役。抗日军队先后加入战斗兵力计16个师10万余人、死伤5万余人，歼灭日军2万多人。这次会战中国方面虽然付出了重大牺牲，但是由于中国守军的英勇抵抗，消耗了大量敌军，争取了时间，破坏了日军的河北平原会战计划，为平汉线中国军队最终得以南撤保存了实力。忻口战役也以国共两军合作的典型战例载入了史册。

忻口战役遗址位于今天的山西省忻州市忻府区，南北长 1000 米、东西宽 500 米，现存有与日军作战时修筑的窑洞 50 余孔及 204 号激战地，除部分窑洞坍塌外，其余皆保存完整。当地政府还于 1986 年建起了忻口战役遗址标志碑，碑体面向公路而立，位于战备窑洞前。石碑上向阳的一侧是以忻州市委、市政府名义撰刻的纪念碑文《忻口抗战记》，背面是部分阵亡将士名单。2005 年，忻口战役遗址被山西省委命名为山西省爱国主义教育基地。2014 年 9 月，国务院将忻口战役遗址确定为第一批国家级抗战遗址。2019 年 10 月，忻口战役遗址被列入第八批全国重点文物保护单位。

正面战场的失利，没有泯灭中国人抗战的热情，很快，在中国共产党的领导下，八路军建立了许多敌后根据地，和日军展开了不屈不挠的斗争。在忻州这块山西最大的市级版图上，处处燃起了抗日的烽火，也给今天的我们留下许许多多的红色遗迹。

1937 年 11 月，在华北同蒲路以东，津浦路以西，正太、石德路以北，张家口、承德以南广大地区，以五台山为中心的第一个敌后抗日根据地——晋察冀抗日根据地正式建立，并在五台县石咀镇召开晋察冀军区成立大会。不久，军区司令部在山西省五台县金岗库村驻扎，军区政治部在大甘河驻扎。日军得知消息组织两万多人进行“扫荡”，八路军迎头反击，歼敌 2000 多人，粉碎了敌人第一次围攻，收复了晋东北12个县、冀西20个县、察东4个县。

1938年1月10日，八路军在阜平召开晋察冀边区军政民代表大会，选举了晋察冀边区临时行政委员会作为边区政权的最高领导机构。1938年2月，为适应抗战形势的需要，边区政府迁驻五台县射虎川台麓寺。同期，边区高级法院驻于五台县奶奶庙，边区银行驻于石咀普济寺，其印刷厂设在金岗库蛤蟆石古佛寺。1938年秋，日军对晋察冀边区大举进攻，军区司令部和政治部撤离金岗库和大甘河，边区行政委员会撤离射虎川台麓寺，返驻河北省阜平。之后，随着游击战争的进行，晋察冀边区进一步扩大到西起同蒲路，东至渤海；北起张家口、多伦、宁城、锦州一线，南至正太、德石路，包括山西、河北、察哈尔、热河、辽宁等，面积40万平方千米，人口2500万，县治108个，成为华北敌后最大的抗日根据地。由于地处华北敌人的心脏地带，战略地位十分重要。在14年抗战中，根据地军民累计与日伪军作战3.2万次，毙伤日伪军35万余人。中共中央和毛泽东誉之为“敌后模范的抗日根据地及统一战线的模范区”。

寻红色印记

因为特殊的地理位置，忻州产生了大量的历史故事，连得名都和战争有关。西汉初年，汉高祖刘邦北征匈奴，轻敌冒进，在今天大同的白登山被匈奴包围，就在天寒地冻、缺水少粮、万般无奈之时，他的谋士陈平拿出大量珍宝贿赂匈奴的皇后阏氏，请阏氏游说单于。阏氏接受了珍宝，就和冒顿单于说，中原疆域太广，匈奴人无法统治。而且万一短时间灭不了刘邦，等刘邦的救兵来了，战争胜负就难说了，不如勒索些好处就算了。冒顿单于听了阏氏的劝告，放刘邦离开。刘邦带着大军仓皇南下，过了忻州和太原之间的山口，这才感到自己安全了，有了劫后余生的欣喜，于是，就把这个山口称为“忻口”（“忻”，和“欣”接近，都有开心、高兴的意思）。

白登之围后，刘邦采纳了臣下和亲的建议，将一位宗室女嫁给了冒顿单于。北魏十六国时期汉赵的开国皇帝刘渊，就是他们的后代。刘渊的父亲刘豹是匈奴左贤王。汉晋时期，中原内乱，匈奴内迁，刘豹的部族就选择居住在新兴郡。据历史记载，刘渊长得非常漂亮，史书中不是说他“姿仪魁伟”，就是说他“姿容秀美”，或者说“容仪机鉴”。也许因为这个原因，当时的人就把他和他的部下称为“秀容胡”，所居住的地方称为“秀容城”，秀是美好，容是容颜，用我们今天的话说，就是颜值非常高。

如今的忻州，仍然是个美丽动人的城市。拥有天然风景和人文印记，尤其是红色旅游，留存有大量遗迹和景点。最著名的有徐向前元帅故居、五台南茹村八路军总部旧址、岢岚县毛主席路居馆、神池县毛主席路居馆、繁峙毛主席路居纪念馆、五台山毛主席路居馆、原平大龙门、岢岚宋家沟、白求恩模范病室等。当地有成熟的旅游精品线路，可直接踏上寻访革命遗迹的路程。

这其中，位于忻州市五台县金岗库村的晋察冀军区司令部旧址纪念馆，是在军区司令部旧址的基础上修建的著名景区。旧址院落位于金岗库村西南，坐西向东，紧靠山根，颇具北方明清时期建筑风格。背后山坡青松成林，林木森森，如一把巨伞覆盖着这个小院，赏心悦目，风景极好。全院面积 720 平方米，共计 30 间砖瓦房屋，整个建筑分里外两院，外院和里院大小相仿，只由一门相隔。里院西屋之北侧为配间，下层为砖砌窑洞，上层为三开间木质房屋。当年聂荣臻司令曾居住在这里，尽管只居住了半年左右，聂荣臻司令员和军区工作人员还在金岗库的村南村北修了两座水泥墩子桥，极大地方便了群众。

旧址纪念馆现有陈列室 21 间，展厅 4 个。布展内容由三大部分组成：介绍晋察冀军区司令部抗战事迹的《铁血长城》、介绍聂帅生平的《千秋风流一元戎》、用声光电再现机关分布的沙盘模型。院子及房屋均保存完好。2019 年 10 月 7 日，晋察冀军区司令部旧址入选第八批全国重点文物保护单位名单。

晋察冀边区行政委员会驻地台麓寺曾于 1938 年被日军放火烧毁，旧址现仅存天王殿三间，烈士塔一座，庄重威严，矗立于射虎川村口。烈士塔坐落于天王殿之东，初建于 1938 年。通高九米，六棱尖锥形，原来题有“民族革命史上血的象征”几个大字，新中国成立后，五台县人民政府对烈士塔进行重新修缮，原题词改为聂荣臻司令题词：“民族英雄永垂不朽，纪念英勇抗战死难烈士。”边区法院旧址位于奶奶庙内，殿宇和部分塑像尚存。

神奇的忻州，还保存有全国最完整的两大地道战遗址之一——定襄县西河头地道战遗址。定襄是抗战时期晋察冀边区根据地西线的重要门户，解放战争时期也是军事战略要地。全县 157 个村落，有 80 多个挖有地道。为了抵御敌人袭击，保存自己实力，1942 年，西河头民兵开始挖掘地道。到1947年秋，挖成自东向西三条主道，总长为5千米，由3条干线、52条支道组成的纵横交错的地道网。地道分为三层，二层设有指挥所、休息室、储藏室；三层有机要室、武器库、会议室。此外，地道内还有翻口22个，卡口8个，陷阱和迷魂阵各12个，作战枪眼22个，出击口10个，出入口11个，连通水井3眼，地堡15座，高房工事1处，具有防水、防毒、防烟、射击等多种功能。地道筑成后，武工队和地方民兵与敌人展开灵活的地道战，多次击退国民党阎军及地方武装的进攻，为人民解放战争的胜利做出了不可磨灭的历史贡献。2006年3月，改造后的西河头地道战纪念馆开放，运用声光电等现代化的手段系统完整地反映了华北人民战争奇观——地道战的创建和发展概况，现在已经成为华北地区极具感染力和震撼力的红色旅游景点之一。

白云苍狗，岁月悠悠。战火虽然已经远去，但革命先烈勇于反抗、不屈不挠、为伟大中华之崛起而奋斗的精神，将伴随着这些红色革命遗址，永远留在我们心中。

小贴士

民族融合的悠久历史造就了忻州种类繁多的舌尖美食，羊杂割、荞面碗托、酸粥、炸糕、胡麻油月饼、高粱面鱼鱼等，都是已经走出大山的特色食品。而北路梆子、挠羊赛、剪纸等非物质文化遗产，也承载着忻州光辉灿烂的文化，走向了全世界。

山西红色之旅
吕梁

关键词：

在刘胡兰纪念馆，你能被她“生的伟大 死的光荣”的事迹深深震撼，能感受到光照千秋、可歌可泣的胡兰精神。

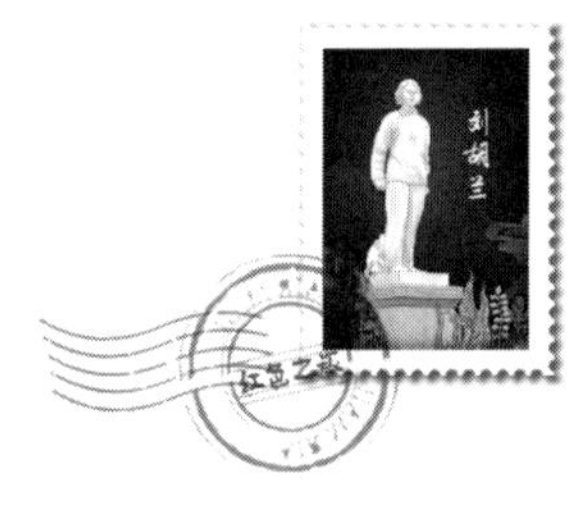

收件人：
爱阅读、爱旅行的你

寄件人：
《山西红色之旅》

013

吕梁·文水

刘胡兰纪念馆

吕梁山是英雄的山，吕梁精神代代传。吕梁文水不仅走出了我国历史上唯一的女皇帝，还是女英雄刘胡兰的家乡。半个多世纪以来，全国各地成千上万的人，110 多个国家和地区的数千万友人，络绎不绝地前来刘胡兰纪念馆参观访问，用最真挚的情意，最真诚的缅怀，追悼烈士们，学习着烈士们的革命精神，刘胡兰纪念馆已成为革命的圣地、红色精神的殿堂。

1932年10月8日，刘胡兰出生于文水县一户普通的农民家庭。1936年春，工农红军东渡黄河、北上抗日，在刘胡兰的家乡——文水分土地、打土豪、救穷人、宣传抗日救国理念。刘胡兰虽然还小，但对东征有了模糊的印象。1938年2月，日本帝国主义占领文水县城，当时的县长顾永田带领老百姓和日军进行着各种斗争。

1940年，为了掩护战士们撤退，顾永田和敌人展开了殊死搏斗，最后壮烈牺牲。小小的刘胡兰从此认定，顾县长是个大英雄，做人就要做他那样的人。

1941年，刘胡兰的父亲刘景谦续娶了比自己小16岁的胡文秀。胡文秀心地善良、思想进步，早在1938年就积极投身于文水县妇救会工作。面对丈夫前妻留下的女儿，胡文秀视为己出，教给刘胡兰诸多做人做事的道理，告诉小胡兰，红军是穷人的队伍，红军是救中国的队伍，直接奠定了刘胡兰投身革命的思想基础。

1942年，刘胡兰被选为云周西村儿童团团长，每天带领小伙伴站岗、放哨、运送武器弹药。当时有两个经常给村里送信送文件的小通信员，还和刘胡兰成了很好的朋友。1943年4月，云周西村被日本鬼子包围，两个小通信员为了掩护区长，喊着："日本鬼子，我在这里，你们来吧！"一个往东走、一个往西冲，把敌人引开，敌人循声追了过去，区长含着眼泪突围成功，两个小通信员则壮烈牺牲了。刘胡兰掉着眼泪埋葬了两个小伙伴，也懂得了革命离不开流血牺牲的道理。

1945 年 1 月，刘胡兰参加了西社夺粮战斗，获得了众人的一致称赞。11 月，刘胡兰又参加了文水县党组织举办的妇女训练班，被选为小组长，并且在反霸群众大会上积极发言，痛斥恶霸地主的罪行，开始慢慢地成长为一名共产主义战士。

培训结束回村后，刘胡兰担任了妇救会秘书，与其他党员一起进行着种种抗日活动。1946 年，14 岁的刘胡兰光荣地成为中国共产党预备党员。就在这年秋天，国民党军大举进攻解放区。文水县委决定只留下少数人继续斗争，其他全部转移。刘胡兰也接到了转移通知，但她坚持留了下来，往来奔走，传递消息，发动群众打击敌人。到了年底，刘胡兰还配合武工队员，将云周西村的反动村长石佩怀处死。敌人实施了报复行动，大肆搜捕共产党员。组织要求刘胡兰立刻转移，但刘胡兰为了更好地配合革命工作，再一次留了下来。

然而，就在 1947 年 1 月 11 日，敌人忽然包围了云周西村，强令全村群众到观音庙集中，刘胡兰被叛徒出卖，被敌人抓获。面对国民党阎锡山军和地主武装的威胁，她镇定地把奶奶留给她的银戒指、八路军连长送的手绢、作为入党信物的万金油盒子交给了胡文秀，然后被气势汹汹的敌人带到了观音庙前。敌人威逼利诱，让刘胡兰供出其他同志的去向。面对血淋淋的铡刀，刘胡兰丝毫没有退缩，大声说着：“怕死不当共产党！”不肯出卖同志，最终，刘胡兰和她心中的榜样们一样，为了保护革命的果实，于1月12日和其他六名壮士一起，被敌人铡死，壮烈牺牲，死时还不到15周岁。

1947年2月，《晋绥日报》刊登了刘胡兰英勇就义的详细报道，并发表评论，号召全体共产党员和解放区军民向刘胡兰学习。

延安《解放日报》也发表了题为《只要有一口气活着，就要为人民干到底——女共产党员刘胡兰慷慨就义》的文章。紧跟着，解放区的所有报纸都刊登了刘胡兰英勇就义的消息，延安各界慰问团派专人将署名“中国共产党中央委员会”的挽联送到了云周西村。刘胡兰的事迹迅速在解放区传播开来。

1947年8月1日，中共中央晋绥分局做出决定，破格追认刘胡兰同志为中国共产党正式党员（一般要求年龄为18周岁）。刘胡兰以可歌可泣的品格和壮举、坚定的信念和崇高的理想，谱写了一曲荡气回肠的革命英雄主义慷慨之歌，铸就了光照千秋激励后人的胡兰精神。她的故事家喻户晓，她的精神影响至今。

毛泽东主席为她亲笔题词“生的伟大，死的光荣”；邓小平题词“刘胡兰的高贵品质，她的精神面貌，永远是中国青年和少年学习的榜样”；江泽民题词“发扬胡兰精神，献身四化大业”。在中国革命战争年代献身的英烈中，刘胡兰是唯一的一位由毛泽东、邓小平、江泽民三代领导人题词的革命烈士。

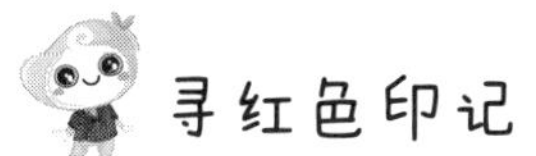

寻红色印记

文水是我国历史上唯一的女皇帝武则天、北宋大将狄青等名人的故乡。因汾河、磁窑河、文峪河横贯全境，水波涟漪如纹而得名，又因历史悠久、风景优美而被誉为“山西中路模范县”“晋中盆地一枝花”。境内常年芳草萋萋、桃李多娇，文水以如画的自然风光、优渥的地理条件，滋养着一代又一代的文水人，在不同的时代，书写着各自的传奇。

唐天宝年间，文水县奉诏在南徐村北面为武则天修庙塑像，并尊为则天圣母像，后来庙宇在战火中遭到焚毁，现存武则天庙是金代在原先的基础上修建的。1987 年，当地政府重新修筑武则天庙为坐北朝南、占地 26000 平方米的武则天纪念馆，馆内除则天圣母庙外，还有武则天汉白玉石雕像、八角回音亭等建筑。1988 年，武则天纪念馆对外开放。1996 年被公布为全国重点文物保护单位，是现存全国唯一的一座女皇庙。

距离这位“蛾眉不肯让人”的女皇纪念馆半小时车程的地方，就是文水刘胡兰纪念馆。1956 年，刘胡兰烈士陵园开建于刘胡兰的家乡云周西村；1957 年 1 月 12 日，刘胡兰就义 10 周年之际，陵园落成并对外开放；1959 年改称刘胡兰纪念馆，现在，坐北朝南的刘胡兰纪念馆占地面积为 79000 余平方米，由广场、纪念碑、刘胡兰生平事迹陈列室、影视室、书画室、七烈士纪念厅和群雕、陵墓、刘胡兰雕像、碑亭、烈士被捕受审就义原址组成，以纪念碑和陵墓为中轴作对称分布。

步入馆门，迎面是万余平方米的广场，汉白玉的毛泽东题词纪念碑就矗立在广场花坛中央，正面镌刻着毛泽东题词：生的伟大，死的光荣。背面刻着郭沫若书写的《中共中央晋绥分局关于追认刘胡兰同志为中国共产党正式党员的决定》。

刘胡兰史迹陈列馆分站岗放哨、拥军支前、入党宣誓、永赴刑场四项内容，有党和国家领导人的题词、烈士遗物多件。七烈士厅中留存有几位烈士赴刑场的场面，以及他们的画像、遗物，厅后是安放着刘胡兰遗骨的陵园，墓前有一尊采用最优质的湖南汉白玉雕刻的刘胡兰像。她的眼睛眺望着远方，微风似乎吹拂着她的头发。雕像两侧分别是刘胡兰被捕、斥敌、就义的旧址和陈放着墓碑的碑亭。整个陵园柏翠松苍、绿草如茵，烈士的英灵可以在这里得到安息。

如今，刘胡兰纪念馆是中宣部命名的全国百个爱国主义教育示范基地，是团中央、民政部命名的全国青少年教育基地、爱国主义教育基地，是教育部、团中央、民政部、文化部、国家文物局、解放军总政治部联合授予的全国百个中小学爱国主义教育基地以及山西省、吕梁市确定的爱国主义教育基地、德育基地、国防教育基地。

半个多世纪以来，全国各地成千上万的人，110 多个国家和地区的数千万友人，络绎不绝地前来刘胡兰纪念馆参观访问，用最真挚的情意，最真诚的缅怀，追悼烈士们，学习烈士们的革命精神。刘胡兰纪念馆已成为革命的圣地、红色精神的殿堂。

小贴士

除人文胜地外，文水县自然风光也值得细细品读。位于县西部山区的苍儿会生态旅游景区为国家级森林公园，面积为 360 平方千米，绿色植被覆盖率达到 92%，森林覆盖率为 83%。景区草木葱郁、云雾缭绕，是天然的氧吧，身心愉悦的最佳场所。还有全省六大水库之一的文峪河水库，水质未曾被污染过，河水清澈见底，水草摇曳，每逢雨天，更是水天一色无纤尘，层层叠叠的美景扑面而来，令人目不暇接。文水县的美食有流尖和子饭、河捞面、面皮等，尤其是地方特色小吃“上贤饼”，糅合了红糖、碎花生、核桃仁、熟芝麻，香甜可口，甜而不腻，是居家旅行的佳品、馈赠亲友的好礼。

关键词：

在晋绥边区革命纪念馆，你能看到党领导下的英勇吕梁儿女，为中华民族独立和解放做出了异常卓越的功勋。

收件人：

爱阅读、爱旅行的你

寄件人：

《山西红色之旅》

014

吕梁·兴县

晋绥边区革命纪念馆

山西省吕梁市兴县蔡家崖村，是抗日战争和解放战争时期晋绥边区党政机关驻地。八路军120师师长贺龙、政委关向应等老一辈革命家，在蔡家崖上领导了晋绥地区抗日战争和解放战争，书写了中国革命斗争史上光辉灿烂的红色传奇。那一间间黄土砌成的窑洞里，蕴含着中国共产党领导人民走向独立的智慧、走向富强的足迹。

黑茶山、紫金山巍巍耸立，湫水河、蔚汾河绕城而过，东临岚县、岢岚，南连临县、方山，北倚保德，西与陕西神木隔河相望，兴县，从来就是山陕之间一道天然的屏障，一座坚固的城池。

1937 年，全面抗战爆发后，贺龙、关向应带领 120 师东渡黄河，来到晋西北地区，开辟根据地，建立民主政权，与日军顽强作战。1939 年前后，晋绥边区（晋西北根据地）党政军机构纷纷进驻距兴县县城 7.5 千米的蔡家崖村。从此，这个黄河岸边的小村，成了当时晋绥政治、军事、文化中心，时人誉称为“小延安”。晋绥党政军主要领导人贺龙、关向应、林枫、续范亭等同志长期生活和战斗在这里，毛泽东、周恩来、朱德、刘少奇、任弼时等中央领导同志也先后到访。著名的晋绥干部会议就在这里的晋绥军区礼堂召开，毛泽东主席在这里发表了《在晋绥干部会议上的讲话》和《对〈晋绥日报〉编辑人员的讲话》等重要文献，并亲笔题写了土地改革和新民主主义革命时期的总路线、总政策。

晋绥边区党政军领导机构位于开明绅士牛友兰先生捐赠的宅院和花园里，当地人称“花园院”。花园院由一大一小两个院子的套院组成，主要有石拱、窑洞、砖包大门、起脊瓦房、盖瓦歇厦等建筑。春夏时节摇曳着依依垂柳，秋冬时分缀满了鲜红大枣，四季都有不同的美丽风景。院子的正北面为前带插廊倚山建造的六孔石窑洞，西北面石窑为军区司令部增建的礼堂，西南有警卫排住房瓦房八间，正中是由六棵柳树和石桌、石墩组成的六角形状的“六柳亭”，又名“六角亭”。亭是贺龙元帅亲自设计的，树是贺龙元帅亲自栽种的。

作为晋绥边区党政军主要领导的贺龙，在蔡家崖生活居住了很长时间，直到现在，蔡家崖的父老还在津津乐道着贺龙元帅的故事。1943 年秋天，蔚汾河发洪水，堤坝被冲塌，田地被冲毁，蔡家崖全村仅有的一口水井也被冲毁，几百人的吃水一下就成了问题。蔡家崖干旱缺水，找个打井的地方并不容易。贺龙就带着两个警卫员，各扛一把铁锹，天天出村找水。他们从村西转到村北，坡上转到岭上，走遍了沟沟畔畔，好几日也没有收获。最后，他们来到西沟口的一个土岗上时，贺龙突然发现，岗下有一条干涸的水沟，乱石丛中长着零星的青草。他拨开地上的浮土，用手使劲一挖，挖出了一大把潮乎乎的湿土。贺龙脸上浮起了笑容，立刻招呼警卫员一起动手挖起土来。正在这时，村里人找水的队伍也转到这儿，老乡们和贺龙说，他们原来在这儿挖过，下面是青石板，不会有水的。但贺龙道：“别看我不是本地人，对找水倒还有点小经验。俗话说：‘两山夹一嘴，其下必有水。’你们看，土岗下的小沟里终年湿乎乎的，这是什么原因？那边石崖下好几个小泉眼，终年滴水不断，水难道会飞上天去？”

果然，挖到青石板后，大家发现石板的裂缝处渗出了一股细流，纷纷欢呼起来，无比佩服贺龙的眼力。从此，蔡家崖人民吃上了甘甜的井水，为表达对贺老总的深切敬意，这眼水井就被定为“爱民井”。井打好后，贺龙又把蔡家崖的军民们组织起来，冒着日军随时攻击根据地的威胁，在不到半个月的时间里修好了一座长约百米、高达四米的护村坝。

在蔡家崖“小延安”的领导下，在众人齐心协力的建设下，晋绥革命根据地一天天发展壮大。1942 年，在原晋西北抗日根据地的基础上，成立了中共晋绥分局、晋绥行政公署、晋绥军区等党政军机构，领导东起同蒲铁路和平绥铁路，西至黄河，南迄汾离公路，北到包头、百灵庙、武川、陶林等 46 个县的抗日战争，陆续建起了被服厂、发电厂、兵工厂等工业。抗战期间，晋绥边区军民作战 2.8 万余次，毙伤日伪军 10.7 万余人，俘两万余人，是华北抗日战争的主要力量之一，是全面抗战爆发后中国共产党领导的抗日游击战争最先开始、最先发展、最先胜利的地方，是八路军挺进山西、实行对日抗战的“立足点”和发展抗战的“出发地”，也是保卫延安、保卫党中央的坚固屏障和后勤保障基地，以及延安通往各解放区的重要交通枢纽和党中央战略转移的重要依托地。据统计，当年晋绥边区支援中央的经费占到边区财政的一半以上。在这片红色的热土上，先后有 5 万名八路军战士和 11 万余名老百姓的鲜血，洒遍了晋绥边区的原野，英勇无畏的吕梁儿女在党的领导下，为中华民族独立和解放做出了卓越的功勋。著名作家马烽创作的《吕梁英雄传》，就是以晋绥儿女英勇抗日的光辉事迹为原型的小说，一经面世，就引起了巨大的轰动。

寻红色印记

1962 年，当地政府在花园院的基础上，成立了专门负责晋绥边区政府及军区司令部旧址建筑遗存日常保护、旅游接待等工作的常设专职保护机构——“晋绥边区政府旧址纪念馆”，后改名为“毛主席革命活动纪念馆”，1979 年正式改名为“晋绥边区革命纪念馆”，也就是现在的晋绥边区革命纪念馆旧馆。2011 年 11 月 21 日，建于旧址西南侧的晋绥边区革命纪念馆新馆正式开馆，项目总占地面积 20677 平方米，主体建筑面积 2974 平方米，布展面积6630 余平方米，陈列展览共分“晋绥革命根据地在中国革命中的重要地位和突出贡献、晋绥革命根据地的军事斗争、晋陕联环保卫党中央、根据地的全面建设、光辉的历程、前行的足迹、不忘初心走向未来”六大部分，收藏有反映晋绥边区革命斗争史的图片、文字、实物等珍贵文物史料 4300 件，采用了蜡像复原、幻影场景等声、光、电现代多媒体展示手段，是全国唯一的全面反映晋绥党政军民 12 年光辉斗争史的多功能、综合性的革命纪念馆。

新馆大厅正中安放着贺龙元帅的大型雕塑，背后及左右墙壁上是几幅刻有战士们英勇杀敌情景的浮雕，展馆中有毛泽东用过的笔砚、贺龙的文件包、林枫的马褡子，以及边区军民用过的兵器、工具、衣物、粮票……每一件革命文物背后都承载着一段厚重的历史，每一段厚重的历史都是吕梁山的英雄儿女们，用鲜血和生命铸就的吕梁精神的真实写照。纪念馆受到了党和国家、各级党委和政府的高度重视，受到了社会各界的广泛关注，江泽民同志题写了馆名，胡锦涛、温家宝等党和国家领导人先后亲临视察。

2017 年 6 月 21 日，习近平总书记专程来到蔡家崖晋绥边区革命纪念馆，并向革命烈士敬献花篮，说“吕梁我是第一次来，我心里一直向往着晋绥根据地”。总书记还特别强调，革命战争年代，吕梁儿女用鲜血和生命铸就了伟大的吕梁精神，要把这种精神用在当今时代，继续为老百姓过上幸福生活、为中华民族伟大复兴而奋斗。

自习近平总书记视察晋绥边区革命纪念馆以来，纪念馆红色旅游出现井喷式态势，全国各地的人们跟随领袖的足迹来到兴县，来到晋绥边区革命纪念馆。党政机关、媒体、国企、旅行社等参观团体络绎不绝，他们来这里或采风创作，或参观学习，或缅怀先烈并接受革命传统再教育。如今，晋绥边区革命纪念馆是国务院公布的第四批全国重点文物保护单位，是中宣部第三批全国爱国主义教育示范基地，是国务院第二批 100 处国家级抗战纪念设施、遗址名录之一，是全国百个红色旅游经典景区之一，也是省、市、县命名的爱国主义教育、革命传统教育、国防教育基地。

2018 年 6 月 21 日，习近平总书记视察蔡家崖一周年之际，“蔡家崖”号列车通车，从此，每个阳光灿烂的清晨，熙熙攘攘的太原火车站，都会有一辆绿皮火车哐当哐当地开出，载着春天的希望、夏天的微风、秋天的收获、冬天的种子，开往兴县蔡家崖。这趟车上时不时有沿线各县土特产推荐、红色文化表演，除了让大家重温革命历史，接受精神洗礼外，还能切身感受到兴县的风土人情。

2020 年，兴县正式脱贫，迈入了乡村振兴的新时代。如今的蔡家崖，以及离蔡家崖不远处的中共晋绥分局旧址、位于高家村的晋绥日报社旧址、位于兴县县城的晋绥烈士陵园，以及位于庄上村黑茶山上的“四八”烈士纪念馆、四八烈士殉难处等，也都日渐发展为成熟的红色景区，蔡家崖还修建了晋绥风情一条街，街上店铺鳞次栉比，都是有独特地方特色的吃食和手工艺品，店主们每日在阳光下吆喝着“冒汤油馍登登面”，迎接远道而来的客人，也迎来了自己幸福满满的新生活。

关键词：

在离石贺昌中学和柳林贺昌烈士陵园，你能感受到革命先烈贺昌积极追求先进思想、勇于进行不屈反抗的革命精神。

收件人：

爱阅读、爱旅行的你

寄件人：

《山西红色之旅》

015

吕梁·离石 / 柳林

贺昌中学 / 贺昌烈士陵园

他是党史中最年轻的中央委员；他在江西与刘少奇一起领导安源路矿工人的罢工斗争；他协同周恩来发动了三次工人武装起义和南昌起义；他到广州与张太雷谋划领导了广州起义；他在湖南会同彭德怀、滕代远一起领导了平江起义；他还曾与邓小平酝酿广西百色起义，同聂荣臻主持北方党务工作，与项英、陈毅并肩掩护中央主力红军长征，开展并坚持南方游击战争……他是山西吕梁人，贺昌。

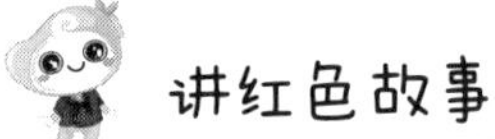

讲红色故事

《中共党史风云人物》一书曾评价一位我党早期领导人："杰出的无产阶级革命家，早期青年运动卓越的领导者，中国共产党优秀的高级党务工作者，中国工农红军政治工作的主要领导人，是中共中央委员中最年轻有为精通多种领导工作的英才。"

这个"中共中央委员中最年轻有为精通多种领导工作的英才"，就是1906年1月出生在山西离石柳林镇（今属柳林县）一个书香门第的贺昌。贺昌从小就聪明过人，5岁时便可以将《三字经》《百家姓》《千字文》《春秋》《孟子》以及《左传》等书籍倒背如流；岳飞精忠报国、班超弃笔从戎、林冲雪夜上梁山等热血故事，他也读了不下百遍。接触的人和书本越多，贺昌就越成熟，越成熟，他就越能深切地体会到整个社会面临的巨大问题，他渴望着做一番救国救民的大事，像历史上那些著名的人物一样，能匡扶正义、救民于水火之中。

7岁这一年，贺昌进入柳林小学读书，功课之余，他总是带领着一群小伙伴，念着军歌："领兵元帅，为贺悟庵，为民除害，灭匪当先"比比画画；12岁时，贺昌考入离石县立高级小学，贺昌的班主任刘菊初是一位具有民主主义思想的爱国知识分子，对贺昌产生了极大的影响，在这里，他结识了张叔平、田开疆、李燕熬等志同道合的朋友们，立下了"国家有难，就应挺身而出，即使牺牲，也不退缩；国难当头，大丈夫不做岳飞死，也做班超名震天下”的誓言。辛亥革命爆发后，贺昌的父亲贺雨亭先是宣扬新文化、呼吁乡里剪掉长辫，后来又身体力行，创办公益煤窑。年幼的贺昌以父亲为榜样，挥毫写下《壮志歌》：“扛罢笔杆再扛枪，经文纬武干一场。颈血常思敌国溅，寸心久欲报家邦。自古将相本无种，谁说好男兵不当。但得东风时与便，贺郎也不亚周郎。”以此来表明自己的志向。

虽然当时的离石反动政府严令学校，禁止学生罢课，五四运动爆发后，贺昌还是立即带领着学校进步师生一起组织罢课，走上街头宣传讲演，投身于反帝爱国运动的洪流中，声援北京等地的学生运动。他们还深入田家沟煤矿，对煤矿工人们进行新思想的普及。到了假期，贺昌又带着王达成、杨逢昌、刘有刚、田开疆等进步青年返回家乡柳林镇，介绍北京学生反帝爱国斗争的情况，号召人民群众起来反对卖国条约，开展广泛的反帝爱国宣传活动。贺昌还写了一首“打倒列强！除军阀！努力国民革命！齐奋斗”的《行军歌》，促进了更多的人参与到“打倒列强除军阀”的活动中来。

1919年农历八月，在离石一年一度的祭孔大典上，县长张宴林在讲话中严厉指责贺昌等进步师生的爱国行动越出了校规、有辱孔圣人，要开除他们。贺昌毫不畏惧，从队伍中走出来，责问张宴林：“你身为离石父母官，不为人民着想，现在帝国主义列强妄图瓜分我们国家，国难当头，我们反抗帝国主义的侵略，你为什么要镇压？这说明你不是离石人民的父母，是离石人民的罪魁!”话音一落，进步师生们立即高呼：“打倒帝国主义！打倒帝国主义的走狗!”队伍陷入了混乱。10月间，贺昌等人看到县城南关药王庙唱戏的会场里，张宴林的警备队员正在调戏妇女，他们立即组织起来，手拿砖头和石子同警备队对打，把警备队打得落花流水。寒假期间，回到柳林的贺昌又和当时在外地上学回家的进步学生们一起，深入附近的煤窑和村庄里，用身边鲜活的例子、用自编自演的形式，排演成戏剧，逢集会人多之际演出，并且进行各种演讲，宣传进步革命思想，在劳动人民中引起了很大反响。

1920年，14岁的贺昌考入山西省立第一中学，在这座当时山西的一流学府中，贺昌开始如饥似渴地学习，并在自己的文章里表示：“吾愿吾辈可努力前进，德也、功也、言也，苟能立一于天下，则可身死而名存。”在省立一中，贺昌先是和王震翼结为好友，紧跟着又认识了学长高君宇，成为山西第一批青年团员之一。等到王振翼从省立一中毕业，考入清华大学留美预备部之后，贺昌成为青年团的实际领导人。山西这时还没有建立党组织，太原团地委承担了党的许多工作，形成了“由团代党”的特殊局面。贺昌带领着青年团编辑出版了《五一特刊》、撰写发表了一系列文章、成立晋华书社、发起了青年学会，成立了平民小学、平民夜校，召集工人领袖秘密聚会，从思想传播、革命斗争、工人运动等方面进行了一系列轰轰烈烈的活动。团中央认为：“太原是唯一的与中央有较密切关系的地方团。”

随着省立一中革命运动的开展，阎锡山逐渐意识到这个革命的摇篮对自己统治的巨大威胁，撤掉了原来的许多进步教师，让自己的爪牙魏日靖来当校长。魏日靖上任以后，以种种借口，故意刁难进步学生，对学生严加管制，并采取每星期考试制，不及格者留级，违反校规者开除，以此来捆绑进步学生的手脚。1922年暑假考试时，校方故意出难题，致使200多名该升级的学生未升级，十几名应届毕业生未毕业，而这些学生多数属于政治上进步的学生。阎锡山和魏日靖的倒行逆施，引起了共产党人和进步青年激烈的反抗。1922年9月初，省立一中开学后，贺昌、刘廷英以青年学会的名义召开学生大会，揭露魏日靖打击、限制学生参加政治活动的劣行，号召学生罢课，并通过了罢课宣言，提出了“反对封建独裁”“要求政治活动自由”的口号，要求当局撤销魏日靖的校长职务。会后，贺昌发动学生到省教育厅请愿，派出十多名学生代表去和教育厅谈判。结果，省教育厅不但没有答应学生的要求，还将学生代表扣留了一夜。面对当局的蛮横行径，贺昌等人将魏日靖赶出了校门。阎锡山得知此事后，立即逮捕了刘廷英等19名驱赶校长的知识分子。但学生们没有被他们的暴行所吓倒，反而将逮捕者关在了校长室，一致要求释放被捕学生。阎锡山又增派一个步兵营将一中包围起来，企图胁迫学生。广大学生在贺昌的秘密指挥下，手执棍棒，与军警对峙了三天三夜，就在这时，贺昌得知北洋军阀政府外交官将要陪同英美等国公使来太原参观的消息，他便调整了斗争策略，组织大家趁着公使到来的时候进行游行，阎锡山害怕产生影响，无奈只得答应了同学们的要求，罢免了魏日靖，这次斗争取得了绝对性的胜利。

1922年，太原的青年团员已经发展到41人，建立了7个团支部，年仅16岁的贺昌被推选为太原团地委书记，担负起领导山西青年革命运动的重任，组织领导了大国民印刷厂罢工、太原制革厂工人罢工等一系列山西的革命斗争。在与军阀正面斗争的同时，贺昌还积极发动和领导省城人民进行了争取民权运动，召开太原民权运动大同盟成立大会，领导了太原铁路工人运动。

随着他的名声越来越大，阎锡山当局开始监视与跟踪他。为防止贺昌受到迫害，上级部门安排贺昌离开山西。1923年初，在一群特务的追赶中，一个背影不慌不忙地进入了太原车站，登上了一辆开往北京的机车。过了一会儿，一个年老的旅客和一位年轻的“车长”从车长室走了出来，年老的旅客去寻找座位，年轻的“车长”走下了车厢，准备发车。特务们看到他，马上围了上去，喝问：“车长，你车里有赤党，你知道吗?”“车长”很惊讶地回问：“什么是赤党?”特务们看他不懂，一把推开他，上车搜查，可是什么也没有搜到，只得重新跳下了车，悻悻而去。“车长”上了车，车子开动，那位年老的旅客也跟着进了车厢，紧紧握住了“车长”的手道：“久闻你的大名!”“车长”摘下了帽子，向旅客道谢：“是的，我就是贺昌。谢谢您的帮助!”原来，车长早听说过贺昌的事迹，这次听说有特务追贺昌，就换上了自己的衣服，让贺昌穿上了制服顶替自己，成功地摆脱了特务的追踪，前往北京。

少年贺昌从此开始了职业革命家的生涯，成长得越来越快。1927 年 4 月 27 日，中国共产党第五次全国代表大会在武汉召开，当时年仅 21 岁的贺昌被选任为中央委员，成为党史中年龄最小的当选者。从此，他在江西与刘少奇一起领导安源路矿工人的斗争；他协同周恩来发动了三次工人武装起义、南昌起义；他到广州与张太雷谋划领导了广州起义；他在湖南会同彭德怀、滕代远一起领导了平江起义；他还曾与邓小平酝酿广西百色起义，同聂荣臻主持北方党务工作，与项英、陈毅并肩掩护中央红军长征，开展南方游击战争……他先后担任了团中央委员、常委、团中央工农部长、共青团湖北省委书记、团中央劳动部长、南方局宣传部长、北方局书记、顺直省委书记、中国工农红军第五军政治委员、红三军团政治部主任、红军总政治部副主任等职，并与陈毅、项英等人结下了深厚的革命情谊。1935 年 3 月，贺昌率部向粤赣边突围，10 日于江西会昌河畔遭国民党军伏击，与时任赣南省委书记阮啸仙等壮烈牺牲，年仅 29 岁。

寻红色印记

相传女娲补天时，不慎将一块七彩奇石掉落人间，奇石落下之处，本就云山苍苍、江水泱泱，有了奇石添彩，更加山高水长、如诗如画，遂成为历史上的石州城、今天的吕梁离石。早在新石器时代，离石就有人类繁衍生息，据说大禹治水就是从离石的骨脊山出发，随后安定了天下。千百年的时光里，吴起在这里铸成了雄关，刘渊在这里建都立国，天下第一廉吏于成龙在此读书授业。到了近代革命时期，又有极其耀眼的共产党人贺昌，诞生在这里，求学在这里，然后从这里出发，从事青年学生运动、发动工人运动、酝酿武装起义、领导红军斗争。

为了革命事业，贺昌牺牲了很多很多，与深爱的妻子不能相聚，唯一的儿子给别人抚养……可就是这样的舍小家为大家，他短暂的一生才有了巨大的成就，他对理想和信念的坚守，也最终化成了燃烧的火炬，照亮了无数共产党员前行的道路。在贺昌等早期共产党人精神的鼓舞下，吕梁走出了千千万万的革命儿女，后来还成为晋西北革命根据地的核心，老一辈无产阶级革命家彭德怀、贺龙、习仲勋都曾在这里战斗和生活过。从离石走出去的才女李效黎，还和丈夫林迈可一起，帮助我党创办了新华社英文广播部，让世界第一次听到了延安的声音。

1984 年，贺昌的家乡原离石柳林镇、现在的柳林县为纪念他，开始修建贺昌烈士陵园。1987 年，贺昌烈士陵园被列为省级重点文物保护单位。2015 年，柳林县政府在陵园内修建了贺昌纪念馆、贺昌雕像。现在已经是山西省爱国主义教育示范基地，每年都有大量游客来此扫墓，缅怀先烈。柳林县城里也有贺昌村、贺昌中学、贺昌大街等建筑。而在离石城内，1945 年，当地政府在贺昌曾经读书的离石县立高级小学基础上设立了晋绥建新中学，1946 年正式改名为贺昌中学。在学校，两棵千年的唐槐依然焕发出勃勃生机，建于元代的文庙就是贺昌曾经就读的离石高级小学校址，见证了贺昌当年的英姿。东西两个厢房，一个为贺昌纪念馆，一个为校史陈列馆，是传统文化和爱国主义教育基地。校园内芳草萋萋、绿树如冠，贺昌的铜像高高耸立，提醒着每一个过往的学子，这里曾经发生过的轰轰烈烈的故事。

小贴士

离石还有高家沟高级军事纪念馆、林迈可李效黎纪念馆两大主题纪念馆，成为传播红色文化、打造红色旅游名片的又一处重要阵地和平台。在红色文化之外，离石还有地质年龄为 1.4 亿年、号称“华北第一险洞”的古溶洞——白马仙洞、汉画石像博物馆、全国特色小镇信义镇、千年古刹安国寺以及西华镇草原等名胜古迹，有小米碾面炒熟做成的油茶、土豆块磨成糊拌面做成的合楞则，以及放在一只只小碗里、吃的时候加上醋、淋上一勺辣椒的喷香莜面碗托等特产。如今的离石，早已实现了贺昌当年的愿望，不再是满目疮痍的旧模样，换了富饶美丽的新人间。

山西红色之旅
晋中

关键词：

在左权麻田八路军总部纪念馆，你能感受到八路军用热血和生命铸就的精神，是何等的壮观巍峨。

收件人：

爱阅读、爱旅行的你

寄件人：

《山西红色之旅》

016

晋中·左权

麻田八路军总部纪念馆

共工撞不周山的故事其实是上古大洪水来临时，部落之间争斗的历史在神话中的反映。相传故事的发生地不周山，就是今天晋中市左权县的不周山，左权县至今还有祝融街、祝融祠、祝融公园留存，彰显着曾经发生在这里的一切。神话传说也许是夸张虚构的，可许多年之后，面对亡国灭种的危险，中国共产党人真的在这里补起了天，治好了水，用自己的牺牲，重新给了天下老百姓安定幸福的生活，书写出一段光辉灿烂的历史。

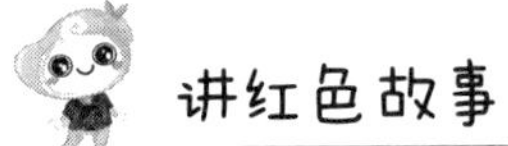

左权县是我国数十个以革命烈士命名的城市之一。明清时期，这儿因境内辽阳山而名为辽州，民国成立后废州为县，改称辽县。1942 年 9 月，晋冀鲁豫边区政府为纪念抗战中我党牺牲的最高级别将领、八路军副参谋长左权，将辽县改为左权县。

1937 年 7 月，抗日战争全面爆发后，中国共产党从全民族的利益出发，号召停止内战，一致对外，国共达成第二次合作。中国工农红军接受国民政府改编，被改编为八路军（后改称十八集团军），从陕甘宁边区东渡黄河走上抗日战场，总指挥朱德、副总指挥彭德怀向全国发布通电，宣布就职，并宣誓："日寇进攻，民族危急，敝军请缨杀敌，义无反顾!"

1938 年 12 月，中共中央军委决定成立八路军前方总指挥部，挺进华北抗日前线。八路军前方总部曾在太原、忻州、临汾、长治等地驻扎，1941 年 7 月，定辽县麻田镇为新的总部驻地。随后，中共中央北方局、野战政治部、后勤部、卫生部、军工部、北方局党校、新华社华北分社、鲁迅艺术学校以及 129 师司令部等党政机关先后移驻麻田镇周围，使这里成为前方抗战的指挥核心以及华北军事、政治、经济、文化活动的中心，辽县麻田镇随之被誉为太行山上的"小延安"。

麻田镇地处晋、冀、豫三省交界之处，沟深谷幽，奇峰林立，位置十分关键，形势非常险要，自古就是兵家必争之地，曾有“晋疆锁钥，山西屏障”的美誉。八路军前方总部选设在这里，显然经过深思熟虑和周详考察，最终也确实在此一直驻扎到抗日战争胜利。彭德怀、杨尚昆、刘伯承、邓小平、徐向前、左权、罗瑞卿、滕代远、张际春、陆定一、杨秀峰、李雪峰等老一辈无产阶级革命家长期生活、战斗在麻田镇，镇内如今留存有八路军前方总部旧址、总部机关旧址、八路军总部纪念馆、新闻烈士纪念碑等革命文物和人文景观40余处，侧面展现着那段充满了艰辛、牺牲，也充满了奋进、希望的光辉历史。

1981年，麻田八路军总部纪念馆在旧址上扩建而成，分为旧址和新址两部分，旧址主要包含着各种遗迹，新址是以缅怀左权将军等老一辈无产阶级革命家和中国最早新闻战士为主题的纪念馆。建成以来，先后被命名为全国重点文物保护单位、全国100个红色旅游景点景区、全国爱国主义教育示范基地等称号。在这些纪念场馆内，左权将军旧居因其独特的意义，成为很多人驻足叹息的地方。

左权将军故居曾是一处教堂，八路军进驻后，左权在这里居住和生活，他不只是一位英勇的军人，还是一位爱妻子和孩子的好丈夫、好父亲。

居住在这里时，左权曾给妻子写下12封情真意切的家信。

在最后一封里，他告诉妻子，自己种了四五十棵洋姜、20棵西红柿，长得都不错，嘱咐妻子多看看孩子，呼唤妻子“亲爱的，别时容易见时难，分离21个月了，何时相聚？念，念，念，念”！

从这一封感天动地的传世家书，能切身感受到将军对生活的热爱、对未来的期盼，多少年后，读来仍然催人泪下。

左权，1905 年生，湖南省醴陵县人，黄埔一期毕业，1925 年 2 月加入中国共产党。同年 12 月赴苏联在莫斯科中山大学、伏龙芝军事学院学习，成为我党早期较少接受过世界先进军事教育的指挥员。回国后，左权先后任中国工农红军学校第一分校教育长、新 12 军军长、第 5 军团第 15 军军长兼政治委员、中革军委第一局局长和红一军团参谋长等职，参加了中央苏区历次反“围剿”作战和长征。1936 年 5 月，左权任红一军团代理军团长；红军改编后，任八路军副参谋长；前方总部成立时，任参谋长兼情报处长。

毛泽东主席曾评价左权“吃的洋面包都消化了，是个‘两杆子’都硬的将才”。这是指左权不仅理论水平高，同时又能应用于中国实践，由此，左权成为朱德、彭德怀重要的军事助手。作家刘白羽说：“在掌控半个中国战场的八路军总指挥部里，左权同志的确是个最繁忙的人，除了重大的事由朱德总司令、彭德怀副总司令决定之外，一般的工作都由他来处理。他的军事理论修养、作战经验、指挥能力，都是我们部队参谋工作中不可多得的人才。”

1942 年 5 月，日军纠结 2.5 万人对太行抗日根据地发动大“扫荡”，兵锋直指八路军总部，意图将彭德怀等八路军高级指挥员一网打尽。情势万分危急，战斗非常激烈，面对敌军的围剿，彭德怀、左权和罗瑞卿决定分头突围，各自为战，而左权毅然担负起最危险的任务，他率领后卫部队掩护断后，自己再相机突围。突围战斗由左权指挥。他到各阵地给部队下达战斗命令："太行山压顶也绝不动摇，誓死保卫总部的安全！"

5月24日夜，当总部、北方局等机关和掩护转移部队共一万余人转移到北艾铺十字岭一线时，遭到日军包围。25日拂晓，一万多日伪军从四面合围，在六架飞机掩护下，集中炮火，轮番轰炸。八路军奋起反击组织突围，激战终日，彭德怀、罗瑞卿率总部直属队和北方局机关冲出了合围圈，左权终于放下心来。此时，他也接到了彭德怀让他赶快撤退的命令，但是，左权当时还承担着保护后勤人员的任务。左权认为后勤的同志军事素质无法与作战部队相比，在这时更需要有军事经验的领导指挥协调大家有序突围。为了让大家安心、让更多的人看到他，保证迅速有序地撤离，左权选择站到了路边的一个小土丘上，把自己暴露在敌人的枪炮之中，谁都知道这是个万分危险的举动，但为了安全撤离，左权早将生死置之度外。当左权检查队伍时，又发现机要科的同志还在后面。为了保护好党的机密，左权立刻命令身边的警卫员转回去找，警卫连长出发前要左权赶快离开这里，但左权坚持要在率领最后一批人冲出包围圈后才撤退。然而，当队伍冲到最后一个严密封锁点前，英勇的左权将军不幸被敌人的炮弹击中头部，以身殉国，年仅37岁，成为八路军在抗日战场上牺牲的最高指挥员。

消息传出，全党全军上下悲痛万分。周恩来撰文纪念，称左权“英勇忠贞”“足以为党之模范”；朱德写诗缅怀，“名将以身殉国家，愿拼热血卫吾华。太行浩气传千古，留得清漳吐血花”；叶剑英也为他写了挽词《满江红·悼左权同志》：“敌后坚持，捍卫着自由中国。试看那，欃枪满地，汉家旗帜。剩水残山容我主，穿沟破垒标奇迹。问伊谁百万好男儿，投有北。崦嵫日，垂垂没；先击败，希特勒。会雄师踏上，长白山雪。风起云飞怀战友，屋梁月落疑颜色。最伤心河畔依清漳，埋忠骨。”

如今，在左权牺牲的十字岭，峰峦垂首，好像依然在向左权致敬；松涛阵阵，好像继续在讲述着左权的不朽事迹。

寻红色印记

无论从哪个层面来讲，不周山都是上古神话中一个重要的存在。传说，水神共工与火神祝融历来不合，终于，双方发生了惊天动地的大战，最后共工失败，一怒之下撞上了不周山。但共工的意气用事却给人类带来了巨大的灾难，不周山原本是支撑世界的支柱，如今被共工突然撞断，不但折断了顶着天的柱子，还扯断了拉着地的绳子，直接造成了整片天上的日月星辰向西北倾斜，整块地里的江河湖水往东南方向下倾，大雨哗啦啦下个不停，洪水也随之而来，本来井然有序的世界全变了模样，人类遭受灭顶之灾，不得不四散奔逃。

这时候，女娲娘娘不忍看她的孩子们受苦，她烧炼起五种颜色的石头，去弥补天地的空缺，砍断鳌鱼的四只脚，去撑起天地的四角，终于让一切都恢复了秩序。

随后，尧帝派大禹的父亲鲧去治理水患，鲧修堤堵水九年未果；舜帝即位后，命鲧的儿子禹继续治理。禹改变了治水方法，带头挖土、挑土，运用准绳和规矩，带领族人一起劳动，最后凿开了龙门和伊阙，凿通积石山和青铜峡，挖通了九条河，经过十年的努力，终于把洪水引到了大海里，地面上又可以种庄稼了，人们过上了安定幸福的生活。

而英雄的大禹，却因为脚常年泡在水里，连脚跟都烂了，只能拄着棍子走路。

这个故事其实是上古大洪水来临时，部落之间争斗的历史在神话中的反映。

相传，故事的发生地不周山，就是今天晋中市左权县的不周山。

左权县至今还有祝融街、祝融祠、祝融公园留存，彰显着曾经发生在这里的一切。

神话传说也许是夸张虚妄的，可许多年之后，面对亡国灭种的危险，中国共产党人真的在这里补起了天，治好了水，用自己的牺牲，用自己的鲜血，重新给了天下老百姓安定幸福的生活，书写出了一段又一段光辉灿烂的历史。

左权十字岭峰顶，建有一座“左权将军殉难处”纪念碑以及左权将军临时埋葬处——一座四角正方形的仿明清翼角纪念亭。该亭高 5 米，建筑面积 295 平方米，亭正中竖有 4.5 米高的汉白玉纪念碑。

碑正面刻着“左权同志永垂不朽”，左面和右面分别刻着邓小平、朱德的题词，后面则刻着彭德怀撰写的左权同志碑志。主碑四周还竖有八块石碑，镌刻有朱德、彭德怀、周恩来、刘伯承、邓小平撰写的纪念文章。

县城中还建有一座左权烈士陵园，这是抗战胜利后全县人民为纪念抗日战争中在这里英勇献身的革命烈士，在原万寿宫旧址建立的陵园。

园内如今安放有解放战争、抗美援朝和社会主义建设时期为革命捐躯的英烈骨灰，亭台廊庑，林木苍翠，是一处具有教育意义的革命纪念馆。

除陵墓外，院内还建有左权将军纪念亭，亭前安放着左权将军铜像，两边檐柱上刻着一副楹联“伟烈丰功卓著集民族正气贯古今；忠肝义胆长存铭华夏英碑迪后人”。

1987 年，徐向前元帅亲笔题写了“左权将军纪念亭”横额，亭中心纪念碑上书“左权将军永垂不朽”八个金色大字。还有朱德同志纪念左权将军的悼词、罗瑞卿同志纪念左权将军的碑文和记载左权县 14 年抗战始末的文章。

陵园背后是左权将军纪念馆，馆内陈列有反映左权将军革命生涯的简历、照片和实物资料及中国共产党中央领导人在左权将军牺牲后题写的挽词等革命文物，内容充实、资料详尽，展示了左权将军为中国革命奋斗的一生。

当你漫步在左权的每一条街，当你徜徉在左权的每一座山，你能感受到八路军用热血和生命铸就的精神，是何等的壮观巍峨。

小贴士

左权县除了星罗棋布的红色景区外，还有太行龙泉国家森林公园、莲花岩生态庄园、日月星生态庄园等各具特色的景区。每个景区都可以吃到正宗的左权美食，有左权炒面、砂炒冻豆、油麻花等。左权绵核桃、左权花椒则是当地有名的特产，特别是花椒，早在《诗经》中就有记载。当你在左权县徜徉，也许，就会有那么一枝，曾生长于五千年前的不周山的花椒树，带着硕大无朋、蕃衍盈升的果实，在漫长的岁月里，跨越了战乱火海，超越了时空距离，带着新生的希望，来到你面前。

关键词：

在白刃格斗英雄连旧址和尹灵芝烈士陵园，你能感受到一个年轻部队敢与敌人刺刀见红的顽强斗志、一个年轻革命者视死如归的英勇精神。

收件人：

爱阅读、爱旅行的你

寄件人：

《山西红色之旅》

017

晋中·寿阳

白刃格斗英雄连旧址

白刃格斗英雄连诞生于抗日战争的烽火中，于1938年1月在山西沁县组建。1940年8月20日夜，八路军晋察冀军区、129师、120师等部，冒雨穿越山谷河流，奇袭日军交通线，打响了抗日战争相持阶段敌后战场规模最大、参战兵力最多、持续时间最长的著名战役——百团大战。战争中白刃格斗英雄连的胜利，彻底打破了八路军拼刺刀拼不赢日军的神话，给了前方战士们莫大的信心。

在2015年纪念抗日战争胜利70周年的阅兵仪式上，“白刃格斗英雄连”和“狼牙山五壮士”“平型关大战突击连”、夜袭阳明堡“战斗模范连”“雁门关伏击战英雄连”“刘老庄连”“攻坚英雄连”“东北抗联”英模部队方队、“华南游击队”“武警部队抗战英模”共十个抗战英模连队，一起英姿飒爽地走过天安门广场，步伐整齐，口号嘹亮，接受着祖国和人民的检阅；在2017年7月30日庆祝中国人民解放军建军90周年朱日和沙场大阅兵中，“白刃格斗英雄连”官兵再度登场，以昂扬的姿态和不屈的斗志，再度接受着全世界的检阅，这是一支什么样的队伍？经历过怎样的往事？为何会在重大场合频繁出现？这一切，还要从全面抗战初期说起。

白刃格斗英雄连诞生于抗日战争的烽火中，于1938年1月在山西沁县组建，原为山西青年抗敌决死队第1纵队第3总队，1940年1月与所在纵队的游击第1团合编为山西青年抗敌决死队第1纵队25团8连。抗战初期，该连参加了开辟太岳根据地、反九路围攻、同蒲铁路破袭战等作战，积累了一定的作战经验。当时我军的武器弹药很少，几乎全靠作战缴获，刺刀更少，120师全师只有刺刀117把，129师也仅有55把。由于日军的三八式步枪上刺刀较长，士兵体质和训练又好于我军，在白刃战中，中国军队不占优势。抗战初期的白刃战，很多都是使用大刀和步枪来肉搏的，伤亡非常大。直到1940年，根据地军工业初步建立后，八路军主力部队的步兵连基本上都配置了几十把刺刀，经过严格的训练，战士们的拼刺技术才得到一定的提高。

1940年8月20日夜，八路军晋察冀军区、129师、120师等部，冒雨穿越山谷河流，奇袭日军交通线，打响了抗日战争相持阶段敌后战场规模最大、参战兵力最多、持续时间最长的著名战役——百团大战。抗敌决死队第1纵队第25团驻扎寿阳，负责担任拔除马首车站日军据点、对龙化山据点和寿阳县城日军监视袭扰、破袭正太路、断敌交通命脉的任务。所属第8连被安排到团指挥部驻地大落坡，负责保卫团指挥部、炊事人员和地方群众安全，并担任总预备队，随时准备投入战斗。大落坡是个有40多户人家的村庄，村边有一条东西向的大路，易攻难守。当晚8时，25团发动全线攻击，猛扑马首车站，盘踞在寿阳县城的日军为解马首之危，决定组织一小队人马偷袭我军指挥机构，由登木小队长率40余人，趁着风雨夜，利用“青纱帐”作掩护，绕道龙化山，从八路军左右翼部队的结合部直插大落坡。

要知道，25团当时是决死队系统的，一个步兵连也就100多人，日军小队有50余人，按照当时的战斗力，我们还挡不住日军，这也是日军敢于进攻的原因。21日拂晓，这股日军偷偷摸到大落坡东南侧，正巧第8连炊事员张生旺从沟底挑水刚上到村口，他发现高梁地里有敌人活动，马上飞快地向连部报告，哨兵也立即鸣枪发出警告。正在指挥所的团参谋长李懋之简单了解敌情后，迅速指挥第8连进行反击。狡猾的日军见偷袭不成，随即改为强攻，他们仗着火力优势，气势汹汹地杀来，战斗立刻打响。

第8连时任连长任尚琮率一排、三排迅速抢占村东北高地进行阻击，指导员张万清率二排赶往村东南抗击敌人。二排官兵边跑边上刺刀，刚出村口就碰到一群日军端着刺刀迎面而来。危急时刻，张万清高声大喊："同志们，杀敌立功的时候到了，跟我冲呀！"战士们马上像猛虎一样一个个冲上前去，与日军展开了刺刀见红的白刃格斗。可就在与日军近身肉搏的同时，日军的机枪手还在后方对着二排射击，张万清和二排排长毛占绪相继身负重伤，倒了下去。看战友受伤，大家纷纷杀红了眼，一个年轻的战士被日军刺中腹部之后，顶着刺刀扑上去，硬是用牙齿咬断了敌人的喉咙，与敌人同归于尽。就这样一个战士倒下去，更多的战士扑上来，我军一次次打退了敌人的进攻。日军小队长登木多次组织进攻均遭失败，便又指挥部队朝村东北迂回，妄图抢占土丘阵地，结果被隐蔽在那里的八连三排打了下去，登木只得指挥部队钻进玉米地暂避。

正是秋收的时候，高高的青纱帐、成排的玉米地成了日军的庇护所，我军进攻瞬间陷入了停滞，关键时刻，8连连长任尚琮带着一排向敌猛冲过去，从侧翼杀出，战场再次回归残酷的白刃战，喊杀声和刺刀的撞击声交织在一起，构成了一幅惨烈的战斗场面。面对豺狼一样的敌人，战士们将国仇家恨全部集中到了手中的刺刀上，刺刀捅弯了就用枪托砸，枪托砸坏了就用小锹砍，小锹砍断了就用牙齿咬。日军被第八连无所畏惧的气势吓倒，没过多久就纷纷调转身子，狼狈逃窜。连小队长登木，也被一位八路军战士击伤掉进泥坑中，倒地装死。有十个日军直接逃跑，另一个日军逃跑时没跟上大部队，躲进了附近一个土洞，就在他探头探脑查看情况时，司务长牛显跃发现了他，悄悄摸到土洞旁，待他探头时一把掐住他的脖子，并缴获了一把完好的三八式步枪。装死的登木也没能逃脱，打扫战场的炊事员张喜想要缴获他的手枪，登木怕自己跑不了，忽然开火击中了张喜的腿部，然后转身逃跑，愤怒的张喜追上登木，一手抓住登木的手枪，一手拔出手榴弹向他头上猛砸，结束了这个猖狂小队长的性命。

这场反偷袭战历经一个小时，第 8 连指战员与日军拼死肉搏，歼灭日军 40 余人，缴获机枪两挺、步枪 48 支、手枪 1 支及许多弹药，胜利完成了保卫团机关的任务。8 连牺牲的战士也有 30 多人，但我军一个连几乎全歼日军一个小队，彻底打破了八路军拼刺刀拼不赢日军的神话，给了前方战士们莫大的信心。捷报上传，八路军总部政治部主任罗瑞卿和副主任陆定一专门到第 8 连看望慰问官兵，指出：“八连是个白刃格斗英雄连，打得英勇顽强。一个年轻部队敢与敌人刺刀见红，取得了全歼敌人的重大胜利，要发扬这种光荣传统，战后要授予奖旗。”之后，八路军 129 师师长刘伯承、政委邓小平授予第 8 连“英雄顽强”奖旗一面；1940 年 11 月，八路军总部授予第 8 连“白刃格斗英雄连”

荣誉称号。

这份在抗日战争中孕育出来的“白刃格斗”英雄主义基因，锻造成了一个“能打仗，打胜仗”的英雄集体。从这场战争开始，白刃格斗英雄连始终秉承“逢敌亮剑、有我无敌、刺刀见红”的血性特质，传承着“敢打硬战、不怕牺牲、誓死杀敌”的白刃格斗精神，陆续参加了大小战役战斗200余次。解放战争时期，该连参加了上党、林浮、晋西南及挺近豫西、洛阳、郑州、淮海、渡江、广东、千里追歼进驻云南等重要战役。1960年冬，白刃格斗英雄连在中缅勘界警卫作战中荣立集体三等功；1979年春在“自卫还击战”荣立集体二等功；1984年4月，又在老山大规模拔点攻坚作战中被中央军委授予“老山英雄连”的荣誉称号。到了和平年代，白刃格斗英雄连被改编为特种部队，先后完成了冰雪救灾、汶川抗震救灾等急难险重任务20多次，被授予6个荣誉称号，荣立集体一等功两次、集体二等功10次、集体三等功7次。在捍卫祖国领土完整和海疆安全以及人民群众生命安全的战斗岗位上，以“白刃格斗”的军人特有的血性，完整继承和发扬了连队爱国主义和集体英雄主义的光荣传统。

寻红色印记

如今的寿阳马首乡大落坡村，还留存有八路军白刃格斗英雄连大落坡反偷袭站旧址，由25团团部暂住旧址、连部暂住旧址、白刃格斗连牺牲烈士墓、白刃格斗连事迹民办陈列室四部分组成，是山西省重点文物保护单位，当地正在投资开发。距离大落坡村不远处，是位于马首乡肥村的中共寿阳地方组织创建旧址。1934 年前后，几名在太原的寿阳籍共产党员以寿阳会馆为联络点，回乡秘密宣传马克思主义和共产主义。1936 年 3 月，中共寿阳支部在肥村成立。

正是在共产主义思想的影响下，在白刃格斗连战斗精神的影响下，寿阳大地诞生了一位著名的女英雄尹灵芝。1931 年 3 月 12 日，尹灵芝在寿阳县赵家垴村出生。之后和当长工的父亲、妹妹相依为命，饱尝人间辛酸。1940 年，当党的抗日工作在盂寿县开展后，尹灵芝的父亲尹尔恭加入了中国共产党，并担任村抗联主任，悄悄配合党的工作，在县城里进行着割电线、埋地雷、抓汉奸、开展抗粮减租等一系列活动。尹灵芝也在父亲的影响下，进入抗日小学学习并担任了儿童团长。这段日子，是她最开心最充实的时光，她总是唱着“我们是儿童军，我们是抗日战争的先锋队，我们是新中国的主人公。莫说我们年纪小，我们能做大事情。我们生在炮火里，我们长在战斗中……”的歌曲，带领小伙伴们为战士们站岗放哨，为老百姓宣传抗日，做一些力所能及的事情，忙得不可开交。

抗战胜利后，工作能力突出的尹灵芝又担任了村妇救会副主任，组织群众挖地道、做军鞋、火线送饭、运送伤员，和国民党反动派进行着不屈不挠的斗争。而当时大家口耳相传、唱得最多的一首《五不运动歌》：“不告诉敌人一句实话，不告诉谁是干部和八路军，不要敌人的东西，不上敌人的当，不报告窑洞和粮食，不给敌人带路。”更是在尹灵芝的心田种下一颗坚守革命立场的种子。1947 年，为了保护 9000 公斤公粮不落入敌人手中，尹灵芝被敌人抓住，关押在宗艾镇，15 天里先后进行了七八次审讯，尹灵芝坚决不肯说出粮食的藏匿地点，敌人就对她钉竹签、烙铁烫、坐老虎凳、浇开水，甚至挖掉了她的右眼、打断了她的左腿，实施种种酷刑，尹灵芝几天之内就被折磨得奄奄一息，但她始终没有吐露任何秘密。

敌人终于失去了最后的耐心，1947 年 11 月 3 日，尹灵芝和同时被捕的几位难友被押入刑场内。在用刺刀刺死几位共产党员后，敌人又对尹灵芝展开了最后的攻心战，在尹灵芝断然拒绝后，阎军头领恼羞成怒，下令立即将尹灵芝斩为三段……这个年仅 16 岁的女英雄，还没等到革命胜利的那一天，便在残暴的统治下匆匆地离去，长眠于这片她深深热爱着的土地。1957 年 3 月，山西省人民委员会追认尹灵芝为烈士；1966 年，寿阳县委、县政府在县城北建起了尹灵芝烈士纪念馆；2004 年初，又将纪念馆迁到现址并开馆。

迁建后的尹灵芝烈士纪念馆依山而立，东西对称，占地 26000 平方米，分停车区、瞻仰区、凭吊区三个部分，还建有纪念亭、东西陈列室以及接待室和办公室、尹灵芝塑像等，是山西省国防教育基地、山西省爱国主义教育基地、山西省德育基地、党史教育基地、重点烈士纪念建筑物保护单位等。依托尹灵芝纪念馆还建有灵芝公园，包含娱乐、健身、观赏等多个主题，有 12 个景区、5 个广场以及假山、喷泉、花廊、健身场所等建筑，不仅成为寿阳新的爱国主义教育基地，还是寿阳城区的新景点、新亮点。2019 年 3 月，在拥有这些红色景点的基础上，寿阳县被列为第一批革命文物保护片区分县。

小贴士

除丰富的红色文化外，寿阳还是个历史悠久、人文旅游资源丰富的地方。境内有方山国家森林公园、帝师祁寯藻故居，以及全国重点文物保护单位，位于南燕竹镇孟家沟村的明代龙泉寺、平头镇黑水村始建于元代的福田寺、位于西洛镇白道村中的普光寺等景点。寿阳的美食中，传统豆腐干堪称一绝，是闻名遐迩的小吃。此外还有油柿子、挠、红烧饼等，都让生活充满了美好的滋味。如果你来到寿阳县，在体会美好的同时，更应该牢记的是一直为我们保驾护航的忠诚卫士们，带给所有人今天的一切。

山西红色之旅
临汾

关键词：

在红军东征永和纪念馆，你能感受到一幅幅可歌可泣的东征历史画卷带来的巨大震撼。

收件人：

爱阅读、爱旅行的你

寄件人：

《山西红色之旅》

018

临汾·永和

红军东征永和纪念馆

在永和的13个日日夜夜，毛泽东亲自指挥了红军在山西的对敌斗争；组织召开了军事会议，将“渡河东征、抗日反蒋”的方针，改变为“回师西渡，逼蒋抗日”的策略；亲自指挥了东征红军胜利回师西渡。这些行动对永和产生了巨大的影响，唤起了永和人民的普遍觉醒。

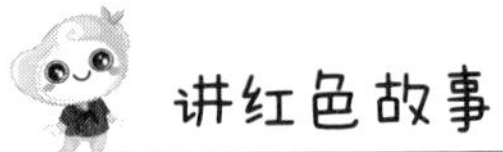

1931年，九一八事变爆发，日本帝国主义悍然出兵东三省，之后在国民党不抵抗政策之下，把侵略的魔掌由东北伸向了华北。国民党政府相继与日本签署了《塘沽协定》《察哈尔协定》《何梅协定》等卖国条约，如此国家危急存亡之时，蒋介石仍然奉行着“攘外必先安内”的反动政策，对中央革命根据地连续发动“围剿”。

1934年10月，中央苏区第五次反“围剿”失败后，中央红军被迫进行战略转移，开始了艰苦卓绝的两万五千里长征。1935年1月，中共中央在贵州省遵义召开了政治局扩大会议，史称遵义会议，确立了毛泽东在红军和党中央的领导地位。1935年10月，毛泽东率领中央红军进入陕甘苏区，与陕北红军会师。可是，初到陕甘苏区的中央红军面临各种困难和挑战：政治上，全国民众抗日呼声高涨；军事上，蒋介石追剿，阎锡山助剿，张学良、杨虎城围剿；经济上，陕甘苏区经济落后，交通闭塞，难以供养大批部队和机关，苏区和红军的发展受到了很大的制约。

1935年12月17日至25日，中共中央在瓦窑堡召开会议，选举毛泽东为中央军事委员会主席，周恩来为副主席。就是在这次会议上，毛泽东高瞻远瞩，审时度势，从政治和军事上做出了“渡河东征、抗日反蒋”的战略抉择。可是，此时的阎锡山，为防备红军过河，早已在晋西沿河一代增兵驻屯。他先是任命晋军第 71 师师长杨耀芳兼晋西警备司令，坐镇汾阳，指挥所部担任北起河曲，经保德、兴县、临县、离石、中阳、石楼到永和县的永和关一带地区的防务；紧接着又任命晋军第 69 师师长杨澄源兼晋南警备司令，坐镇临汾，指挥所部担任隰县、大宁、吉县、乡宁各县的防务；并将沿河 20 余县划为防共区，在各县沿河渡口构筑坚固的工事，不断举行阻击“红军渡河”的演习。

在进行军事防共的同时，阎锡山还先后组建了“主张公道团”和“防共保卫团”等反动组织，加紧对人民群众的控制，强迫人民唱防共歌曲，接受反共宣传。在太原和晋西一带，阎锡山还大肆搜捕、屠杀共产党员和革命志士，四处张贴布告，宣称谁报告一个“共匪敌探”，赏大洋 50 元；谁报告以后抓住一个“共匪”，赏大洋 100 元；谁抓住“共匪”杀了，一个人头赏大洋 200 元。黄河天险及沿河一带的坚固布防和反共措施已经将山西打造成了“钢铁山西”“固若金汤”，红军要渡过黄河进入山西，无疑是一项非常艰巨的任务。

1936 年 2 月 20 日，毛泽东、彭德怀正式下达渡河命令，命令各渡河突击队“绝对隐蔽，乘夜偷渡”。晚 8 时整，战斗正式打响，红军从北起绥德县的沟口、南到清涧县的河口，同时发起攻击。由于当时能筹集到的渡船有限，红军还准备了一批羊皮浮筒作为渡河工具。渡河时，黄河上冰凌翻滚，河水刺骨，在夜色的掩护下，红军冒着枪林弹雨前进，首先突破了石楼县贺家洼渡口，冲破了阎锡山号称固若金汤的黄河防线。为保证侧翼安全，

21日晚7时，红一军团1师在永和关渡口登岸，红十五军团81师在于家咀渡口登岸，至此东征红军主力顺利渡过黄河，进入山西境内。22日，毛泽东、彭德怀率领总部人员从清涧县西辛关出发，分乘三只大船，从西岸的西辛关出发渡河，在石楼县东辛关登岸，进入山西，在此前后，东征红军的大部队也分别在预定的渡口进行突击强渡。

随后，东征队伍连续召开了大麦郊会议、郭家掌会议、晋西会议，进行了兑九峪战斗。3月28日，毛泽东率领中路军从石楼县营房村出发，经杨家沟来到永和县南庄乡穆家坡村。29日，毛泽东到达永和县坡头乡赵家沟，和彭德怀一起发布了《为一致抗日告全国民众书》，提出了停止一切内战，不分红军白军、共同一致、联合抗日的主张。4月2日，毛泽东根据当时形势，在赵家沟村召开军事会议，详细安排了左路军和红二十八军的行动，初步提出了“回师西渡”的构想。从3月28日到4月3日，毛泽东在赵家沟连续给各部发电十余份，要求各部全面落实“晋西会议”决议。在巩固中求发展，不断播撒革命火种，进一步壮大抗日力量。

晋西会议之后，面对红军蓬勃发展的形势，蒋介石命令驻陕西的东北军、第十七路军进攻陕北苏区，加大了“进剿”红军的力度，企图将红军各个击破，围歼于山西境内。4月25日，毛泽东同彭德怀率红军总部和红二十八军离开隰县康城镇，又一次前往永和县桑壁镇。27日，毛泽东率红军总部人员第二次进入永和，经土罗、上刘台、堡则、署益等村，来到桑壁镇桑壁村红一军团团部，与林彪、聂荣臻会合。28日，毛泽东来到桑壁镇前龙石腰村，连夜召开军事会议，研究分析了战争形势，正式发布了红军“回师西渡”的战略决策。

5月1日凌晨，毛泽东率红军总部从桑壁镇前龙石腰出发，经交口、索珠村，于上午9时来到了阁山。这时，阎锡山两个团从后方追了上来，毛泽东亲自指挥警卫连迎击敌人的进攻，到下午2时，敌我双方已多次交火，情况十分危急。下午5时许，周恩来派来的陕北红五团由河西赶来接应，接替了政卫连的阻击阵地，终于挡住了敌人，毛泽东这才率领总部人员向黄河岸边进发。晚上，毛泽东来到阁底乡上退干村，在关帝庙住宿了一晚，指挥红军回师西渡。5月2日凌晨，毛泽东亲自布置了西渡善后事宜，并率领总部人员在阁底乡于家咀渡口乘船到达陕西清水关，随后抵达延川县刘家山村。这是毛泽东第二次到永和，一共战斗生活了六天，加上第一次的七天，毛泽东两次在永和共生活战斗了13个日日夜夜。

5月1日至5月5日，红军主力和总部人员先后从延水关、永和关、清水关、铁罗关一带渡过黄河，返回陕北。5月5日，毛泽东到达陕西省延川县杨家圪台村，签发了《停战议和，一致抗日通电》（也称《回师通电》或《五五通电》）。《五五通电》的公开发布，再一次向全国各党派团体和各阶层人士表明了中共中央顾全大局、团结抗日的真诚意愿。

就这样，从1936年2月20日至5月5日，在毛泽东主席、彭德怀总司令的指挥下，红军东征在我党革命史上留下了光辉的一页。整个红军东征历时75天，转战山西50余县，歼敌13000余人，俘敌4000余人，扩充红军8000余名，筹款50万元，组织地方游击队30多支，建立了许多县、乡、村苏维埃政权，发展了党的地方组织，不但在山西播下了众多革命火种、壮大了红军力量、促进了抗日民族统一战线的形成、推动了抗日救亡运动的发展，还扩大了党和红军的政治影响，鼓舞了人民群众的抗日热情，为之后把山西作为敌后抗日根据地奠定了坚实的基础，同时也使得陕甘苏区得到了巩固和发展，让中国革命的根据地牢固地建在了陕北，堪称是中国革命走向胜利的一个极其重要的里程碑。

5月14日至15日，中共中央在延川县大相寺召开了红一方面军团以上干部会议，总结了东征的意义，“打了胜仗，唤起了民众，筹备了财物，扩大了红军”。周恩来在会上也做了关于统一战线工作的报告。5月21日，毛泽东、周恩来率领红军总部回到瓦窑堡。从1月26日在陕西延长县召开会议发出东征训令，到再次来到做出红军东征决策地的瓦窑堡共117天（山西境内75天），至此红军东征完全结束。

红军在永和的13个日日夜夜，对永和产生了巨大的影响，唤起了永和人民的普遍觉醒。据不完全统计，在红军东征期间，永和人民为东征红军捐款2000余元、捐粮400多石（1石=120斤），有30多名永和青年参加了红军。永和县兰家沟是个仅有20

多户人家的小村，却有青年李文斌、李正熬、薛建基、宋茂成、宋大小、宋公张、薛应飞等七人参加了红军。在红军回师陕北后，仍有许多永和青年奔赴革命圣地延安参加革命。东征红军在永和发动群众斗争土豪劣绅22户，有力地打击了地方反动势力，永和县的岔口、桑壁、赵家沟、乌华、呼家庄等地还建立了苏维埃政权。永和县作为红军东征的重要战场和回师西渡的决策和指挥中心，作为毛泽东主席在临汾境内唯一居住过的地方，可谓意义非凡。

寻红色印记

几千年的日子几千年的歌，几千年的大河几千年的梦，翻开河图与洛书，龙行乾坤定山河……苍茫黄河从雪域高原一路奔腾而来，画出天下黄河九十九道弯，在山西省永和县境内，呈现出了统称为乾坤湾的七个S形的大弯，也汇成了我国目前河流中规模最大、最密集、保存最完整的黄河蛇曲群，并于2014年被国土资源部命名为黄河蛇曲国家地质公园。

相传远古时，太昊伏羲氏曾在乾坤湾“仰则观象于天，俯则观法于地，观鸟兽之文与地之宜，近取诸身，远取诸物，于是始作八卦，以通神明之德，以类万物之情”，发明了太极八卦阴阳学理论，衍生出中华文明中最神秘的部分。至今，乾坤湾附近还留有青龙、白虎、朱雀、玄武四方标志物以及伏羲女娲的传说。这里也是中华龙的来源，以此为素材的照片曾作为国礼伴随着习近平总书记出访俄罗斯，走向全世界。这里的黄河不似别处，总是安静地流淌向远方，每逢朝阳初升，河面总是洒满金光；每当细雨蒙蒙，河面荡漾着粼粼波纹，与周遭绿树茵茵的群山、星罗棋布的村落一起，勾勒出一幅壮美的山河图画。

1971 年，中共临汾地委在毛泽东主席当年住过的阁底乡上退干村召开了第一届全体委员会议，并将上退干村改名为东征村，修建了红军东征纪念馆。1995 年，当地政府又投资十万元对纪念馆进行了维修，2005 年重新修缮。如今的红军东征永和纪念馆，距县城80余里，占地 2500 平方米，以“英明决策筑辉煌”“红军东征在永和”和“老区人民爱红军”为主题分三个展厅，用大量的实物图片、塑刻作品等真实地再现了一幅幅可歌可泣的东征历史画卷，全面展示了当年东征红军的丰功伟绩。此外，永和县还打造了红军东征永和纪念馆、于家咀回师渡口、红军崖、红军井等红色旅游景点，打造了永和红色旅游线路，使永和成为红色旅游的首选之地。

2019 年，永和县红军小学正式挂牌，成为全国第 260 所、山西第六所、临汾唯一一所红军小学，更是让红色文化深入每个孩子心中，深入每个永和人心中。

永和还是抗战音乐的诞生地。1938 年，光未然从陕西宜川县的壶口附近东渡黄河和从永和县永和关坐船西渡黄河时，目睹了黄河船夫与狂风恶浪搏斗的场景，聆听了高亢悠扬的船工号子，产生了创作灵感，在 1939 年抵达延安后，他就与冼星海一起，完成了我国音乐艺术宝库中著名的歌曲《黄河大合唱》，为永和又增添了一个美丽的故事。

从2018年起，永和政府着手率先修建山西省黄河一号旅游公路(永和县段)。2020年9月25日，黄河一号旅游公路“0km”标志文化驿站正式启用，这条全长102千米的山西沿黄扶贫旅游公路(段)，连接了县城与黄河峡谷景区、乾坤湾景区、国家地质公园景区、红军东征永和纪念馆景区和红枣林、槐花山等主要景区板块，而且六条支线连通了各个景区，不仅使得线路畅通，还将自然景观、人文景观、黄河文化、红色文化、黄土高原民宿文化融为一体，集结了全县最美最典型的旅游资源，形成了红色文化、黄河风情、绿色生态为主的旅游格局。2021年，这条公路还在全国最美农村旅游路评选中，取得了全国排名第二的好成绩。

如今，当你来到黄河边的这个小县城，再也不用担心当年的厮杀，再也不用害怕伤人的刀枪，极目所望，都是七彩的风景，侧耳细听，都是安静的涛声。

小贴士

在乾坤湾和东征纪念馆附近，有当地老百姓开的一家家窑洞民宿，星罗棋布地分布在山水之间。住在这里，不但可以品尝到地道的永和家常饭菜，还能观看红军特型演员的表演，和他们一起合影留念，是非常美好的旅游体验。乾坤湾的悬崖边，还建有一架高高的秋千，对着黄河远远地荡出去，除了感受到扑面而来的清风，还有漫山遍野的槐花香和枣花香，会香袭你的全身，飞扬你的思绪，飘进你的梦乡。

山西红色之旅
运城

关键词：

在夏县堆云洞，你能感受到革命家、教育家嘉康杰在平民教育上的一系列实践、为民族解放付出的大量心血以及当年河东革命的轰轰烈烈。

收件人：
爱阅读、爱旅行的你

寄件人：
《山西红色之旅》

019

运城·夏县

堆云洞

在山西省运城市夏县水头镇下牛洞村，有一处俗称堆云洞的道观，居于山麓之上，庙宇殿阁依山就势，层层叠叠，被人誉为“小布达拉宫”。20世纪二三十年代，这儿也是中共河东特委秘密活动的基地，革命烈士嘉康杰等人曾在此书写下一段又一段光辉的历史。

讲红色故事

20 世纪 30 年代，夏县堆云洞曾是中共河东特委的一个秘密活动基地，也是革命烈士嘉康杰战斗过的地方。

嘉康杰，原名嘉寄尘，1890 年生于当地望族，家境优渥。但是，痛苦于政治黑暗、民生多艰，他最终背叛了自己的阶级，甘愿做“豪门逆子”，毅然投身到民族解放的滚滚大潮中。从 1911 年开始，嘉康杰就不断与清政府、阎锡山政权做斗争，剪发从戎，领导学潮，为此被通缉，两次远赴日本。一次次斗争让嘉康杰认为中国之所以落后，在于不兴教育，不懂科学，守旧落后。于是，1920 年，嘉康杰离开北京，回到了阔别已久的家乡兴办教育。他无视阎锡山所给的县长乌纱帽的收买，不顾宗族势力的反对，在堆云洞创办了平民中学。因为办学宗旨是培养人才，救国救民，所以他定下了招生对象“骑马的不要，坐轿的不要，穿长袍戴礼帽的不要，欢迎平民子弟来校就读”的标准。

在平民中学，嘉康杰进行了一系列教育实践。比如创办平民月刊，传播新思想新文化；购买进步书籍，开拓学生视野等，同时，他先后组织学生发起了反对阎锡山加收房税捐、不合理的公债摊派、盐斤加价等斗争，在河东大地播下了粒粒革命的种子！

早在 1919 年，嘉康杰考入北京大学政法系深造时，就接触到了李大钊在北大举办的“马克思主义研究会”，跨入了共产主义积极分子的行列。1926 年，嘉康杰被阎锡山逮捕，在狱中，嘉康杰认识了共产党员刘天章，在与刘天章的长谈中，他逐渐意识到，单单是教育并不能救中国，只有共产主义才能真正救民众于水深火热之中！于是，1927年冬，嘉康杰出狱后，中共山西省委批准汪铭同志与其谈话，正式接受嘉康杰为中共党员。从此，嘉康杰就开始一边兴办教育一边进行革命工作，宣传党的主张、发展党员，正式走上了革命道路。1928年，山西省委派汪铭来河东恢复党组织，在堆云洞召开河东地区党组织工会，成立了河东特委。1929年7月，又在堆云洞召开了河东特委会议，改特委为特支，嘉康杰先后任中共河东中心县委书记、河东特委组织部长等职。也就是此时，嘉寄尘正式把自己的名字改为“康杰”。“康”是取俄语“共产主义”一词的首写字母，表示自己要为中国实现共产主义而奋斗；“杰”意思是自己一定要成长为一名在中国实现共产主义的杰出战士；“康杰”就是共产主义先锋战士的意思。在嘉康杰的努力下，河东大地很快处处党旗飘扬。晋南36个县就组建了32个党组织，发展党员400余名，且运城独立营里也有了党员，运城中山中学里面还有了40多人的秘密党支部。

如今的堆云洞，依然处处可见嘉康杰留下的红色印迹——在平民中学旧址，也就是中共河东特委革命活动遗址的一间房屋内，黑板上悬挂着“劳工神圣”的横幅，桌椅整齐排列，似乎还有学生正在上课，聆听着嘉康杰的谆谆教诲；另一院落里的三孔一门两窗窑洞，就是当年嘉康杰保守秘密文件和传单的地方，院中还有一口看起来很普通、实际上是个秘密通道的井，一旦碰到危险，通过这条密道，嘉康杰就能神不知鬼不觉地转移到山脚下。有意思的是，因为这条密道，嘉康杰还有了个“嘉神仙”的绰号。因为嘉康杰始终不合作的坚决态度，阎锡山视之为眼中钉，处心积虑悬赏1000大洋要抓捕他，但每次特务军警好不容易探听到嘉康杰的行踪，满心欢喜来堆云洞抓人，无论他们多快多隐秘，最后都屡屡扑空，然后转回头就听说他在很远的地方活动。这样来无影去无踪，瞻之在前忽焉在后，特务军警都哀叹嘉康杰一定是有法术，而百姓们也乐意用这种方式保护嘉康杰，传得更加神乎其神，“嘉神仙”的名号不胫而走。

抗日战争全面爆发后，国共开始第二次合作，阎锡山撤销了对嘉康杰的通缉令，党命令嘉康杰在晋南地区建立武装，准备对日斗争。嘉康杰树起招兵旗，凭借着自身的强大威望，一个月就招兵3000人，大大扩充了抗日力量。1938年，日军攻占运城，嘉康杰领导的队伍被收编为八路军晋豫边游击队第六大队，同时担任供给队长。嘉康杰和当时河东地区的共产党员柴泽民等人一起，开展根据地建设，兴办了晋南唯一的武器制造和修理基地修械所；培训干部，举办各县党政领导干部训练班。同时伺机进行游击战、破袭战、麻雀战等各种形式的武装斗争。嘉康杰还利用自己会日语的优势，数次伪装成日军，带领游击队奇袭日军军需仓库，缴获了一大批枪支弹药、棉花棉布，补充了游击队的军需。日军展开了疯狂的报复，带领军队火烧河东革命的指挥中心和活动中心韩家岭，嘉康杰妻子樊萍为救老百姓，没能及时撤退，跳崖牺牲，嘉家人也遭到疯狂报复，31间房屋被全部烧毁，所有的牲口、粮食和财物全部被抢光，嘉家13口人逃亡山中，最后仅余三人。

痛苦的嘉康杰把所有的精力都投入到革命中。1939年9月，在中共晋冀豫区党委第一次代表会议上，嘉康杰当选为中共晋冀豫区党委委员，并被选为出席中共七大的候补代表。会后，他先后担任了中条地委委员、民运部长，1939年11月18日，嘉康杰被国民党特务李玉安暗杀，英勇牺牲，年仅49岁。嘉康杰去世的消息激起了河东人民的强烈愤慨，各地纷纷举行声势浩大的追悼会，表达对嘉康杰的哀思，追悼会结束后，在柴泽民等人的强烈斗争下，李玉安等人被判处死刑，嘉康杰的大仇最终得报。1940年1月17日，《新华日报》对嘉康杰的革命功绩做了充分肯定和公正的评价，号召党员和人民群众向嘉康杰同志学习。1949年农历十月初五，嘉康杰烈士的遗骨由韩家岭迁葬在家乡其毋村东头的峨嵋岭，在峨嵋岭上的田园边、靠其毋村有半里地的地方，又建起了嘉康杰烈士陵园。直到今天，他的墓前还鲜花常开，松柏常青！

寻红色印记

夏县城西北23千米处，水头镇下牛村的稷王山山麓里，有一个著名的道观。从山下望去，好像西藏拉萨的布达拉宫，“房上建房，院中寻院，洞里藏洞，洞阶相连”，观内房舍楼阁层层叠叠，因此被誉为“放大的盆景、浓缩的仙境”。这座道观名叫堆云洞——这儿地势高凸，雨后天晴，常常会有白云萦回，于是就有了这样一个颇有意境的名字。

堆云洞始建于元朝全真教兴盛之时，是其宗派龙门派的一个重要活动场所。后世不断重修扩建，形成了如今拥有大小 99 间庙宇殿阁、层叠相筑 12 座院落的独特建筑。

堆云洞出名，不仅仅是因为它别样的建筑特色，还因为它见证了这段红色的历史。早在 1958 年，因为中共河东特委和嘉康杰烈士的特殊意义，堆云洞就被确定为山西省第二批重点文物保护单位，成为运城红色旅游景区，接待着来自四面八方的游客。近年来，堆云洞更是成为山西省著名的爱国主义教育基地、文化旅游胜地。

1952 年 5 月 1 日，山西省人民政府为纪念嘉康杰这位晋南地区最早的共产党人、优秀的革命家、教育家，将创建于 1945 年 4 月，原名“晋冀鲁豫边区太岳行政干部学校第五分校”的学校命名为“山西省康杰中学校”。

50 多年来，一代又一代康杰学子唱着“中条苍苍，黄河泱泱，我校诞生在解放的战场。新的青年一代，团聚在一堂，战斗学习活泼紧张。高高举起毛泽东的旗帜，踏着康杰烈士的血迹，为了自由，为了解放，不怕困难，不怕困苦，前进！前进！建设社会主义的新中国，放出万丈的光芒，放出万丈的光芒，放出万丈的光芒”的校歌，将嘉康杰的革命精神，传遍四方。

小贴士

除了堆云洞这个著名景点外，夏县还是大禹建都之地，有全国重点文物保护单位禹王城遗址；夏县是司马光的故乡，现存始建于宋朝的司马温公祠；因为地处运城裂陷边沿，沿断裂还有温泉分布。堆云洞所在地水头镇的卤猪蹄特别知名，热吃软烂，冷吃筋道，馉圈馍和枣蛋馍也是夏县独一无二的特产。附近的泗交山是法河、南河、王家河与寨里河四河交汇处，春天茶花香，夏有漂流河，秋天可狩猎，冬有滑雪场，山高水深风景独特，可以给每一位每一季来到这里的人，带来幸福的体验。而这稳稳的幸福，这美好的体验，正是成千上万像嘉康杰一样的烈士，用生命和鲜血换来的毕生梦想。

图书在版编目(CIP)数据

山西红色之旅 / 朱伊文著. -- 太原：山西经济出版社，2021.9

ISBN 978-7-5577-0895-5

Ⅰ. ①山… Ⅱ. ①朱… Ⅲ. ①革命纪念地—介绍—山西—青少年读物 Ⅳ. ①K878.2-49

中国版本图书馆 CIP 数据核字(2021)第 143090 号

山西红色之旅
SHANXI HONGSE ZHI Lü

著　　者：朱伊文
出 版 人：张宝东
项目统筹：李慧平
总 策 划：吴志斌
出版总监：陈彦玲
责任编辑：郭正卿
营销推广：榕行文化
整体书装：华阅·壹 971

出 版 者：山西出版传媒集团·山西经济出版社
社　　址：太原市建设南路 21 号
邮　　编：030012
电　　话：0351-4922133（市场部）
　　　　　0351-4922085（总编室）
E-mail：scb@sxjjcb.com（市场部）
　　　　zbs@sxjjcb.com（总编室）
网　　址：www.sxjjcb.com

经 销 者：山西出版传媒集团·山西经济出版社
承 印 者：山西出版传媒集团·山西新华印业有限公司

开　　本：787mm × 1092mm　1/16
印　　张：13.5
字　　数：150 千字
版　　次：2021 年 9 月　第 1 版
印　　次：2021 年 9 月　第 1 次印刷
印　　数：1—10000 册
书　　号：ISBN 978-7-5577-0895-5
定　　价：49.00 元

这是一次难忘的旅行，它带给你的，不仅是红色的积淀，更是前行的向导！